Dieses Buch ist Sara, Elizabeth, Malcolm und Connor, Katelyn und Yifu gewidmet, sowie vielen Kindern mehr, die mit einer Verbindung nach China auf die Welt gekommen sind.

Chinas Geschichte im Comic - China durch seine Geschichte verstehen - Band 1: Die Fundamente der chinesischen Zivilisation: Vom Gelben Kaiser bis zur Han-Dynastie (ca. 2697 v. u. Z. - 220 u. Z.)
画说中国史 – 第一册: 中华文明的初创 黄帝 – 汉朝 （约公元前2697年 – 公元220年）
Understanding China through Comics - Volume 1: Foundations of Chinese Civilization - The Yellow Emperor to the Han Dynasty (2697 BCE - 220 CE)

This translation published by arrangement with the author Jing Liu (fb.me/UnderstandingChinaComics) and Chung Hwa Book Co., (H.K.) Ltd.

Autor: Jing Liu 刘京
Übersetzung aus dem Chinesischen: Elisabeth Wolf
Lektorat: Filipe Tavares

Verlag der deutschsprachigen Ausgabe:
Chinabooks E. Wolf und E. Wu, Bühlstrasse 6, CH-8142 Uitikon-Waldegg
www.chinabooks.de | www.chinabooks.ch | www.manhua.ch | www.facebook.com/chinabooks.ch
www.instagram.com/manhua_at_chinabooks | www.twitter.com/AtManhua
Tel. 0041 (0)43 540 40 77 / 0041 (0)76 518 45 26 | bestellen@chinabooks.ch
Vertrieb an den deutschen Buchhandel:
GVA Gemeinsame Verlagsauslieferung Göttingen GmbH & Co. KG
www.gva-verlage.de
Postfach 2021, D-37010 Göttingen
Tel. +49 (0) 551 384200 -0 Fax. +49 (0) 551 384200 -10
Vertrieb an den deutschen Comicfachhandel:
Comic Base Berlin
www.comic-base-berlin.de
Baruther Str. 10, D-10961 Berlin | Tel. +49 (0) 30 / 6 94 38 55
PPM Vertriebs GmbH & Co. KG
www.ppm-vertrieb.de | info@ppm-vertrieb.de
Industriestraße 18, D-32694 Dörentrup | Tel. +49 - 5265 - 9 55 88 55
Vertrieb an den österreichischen Buchhandel:
Mohr Morawa Buchvertrieb GmbH
Sulzengasse 2, A-1230 Wien | Telefon: +43 (1) 680 14-0 | Fax: +43 (1) 688 71 30
Mail: momo@mohrmorawa.at

Zweite korrigierte Auflage März 2021
Printed in Germany

ISBN: 978-3-905816-78-5

Chinas Geschichte im Comic –
China durch seine Geschichte verstehen
Band 1:

Die Fundamente der chinesischen Zivilisation

Vom Gelben Kaiser bis zur Han-Dynastie
(circa 2697 v. Chr. – 220 n. Chr.)

Jing Liu

Inhaltsverzeichnis

Zeittafel

*(unter Gelehrten umstritten, historisch nicht gesichert)

2697 v. Chr.	Beginn der Regierungszeit des Gelben Kaisers*
2070 v. Chr.	Laut Legende errichtet Kaiser Yu die Xia-Dynastie*
1600 v. Chr.	Die Shang-Dynastie stürzt die Xia-Dynastie*
circa 1200 v. Chr.	Auftauchen der Orakelknochenschrift
1046 v. Chr.	König Wu besiegt die Shang-Dynastie und errichtet die Zhou-Dynastie, Anbeginn der Epoche der Westlichen Zhou-Dynastie
841 v. Chr.	Führende Adlige schicken König Li ins Exil, Beginn der Gong-He-Regentschaft.
827 v. Chr.	König von Zhou stellt die Zhou-Dynastie wieder her.
770 v. Chr.	Die Hauptstadt der Zhou wird in den Osten verlegt, Beginn des Zeitabschnitts der Frühlings- und Herbstannalen der Östlichen Zhou.
551 v. Chr.	Konfuzius wird geboren.
403 v. Chr.	Drei Reiche teilen das Territorium der Jin untereinander auf, Beginn der Zeitperiode der Streitenden Reiche der Östlichen Zhou-Dynastie
256 v. Chr.	Die Armeen von Qin erobern die Hauptstadt der Zhou, Ende der Zhou-Dynastie.
221 v . Chr.	Der erste Kaiser von Qin vereint China und gründet die Qin-Dynastie.
210 v. Chr.	Der erste Kaiser von Qin stirbt.
207 v. Chr.	Xiang Yu besiegt die Hauptstreitkräfte der Qin-Armee und Liu Bang erobert die Hauptstadt der Qin-Dynastie.
206 v .Chr.	Untergang der Qin-Dynastie
202 v. Chr.	Liu Bang besiegt Xiang Yu und errichtet die Han-Dynastie, Beginn der Zeitperiode der Westlichen Han-Dynastie.
195 v. Chr.	Liu Bang erliegt den Verletzungen, die er in einer Schlacht zur Niederschlagung von Rebellen erlitten hatte.
133 v. Chr.	Kaiser Wu von Han startet seinen Feldzug gegen das Nomadenvolk der Xiongnu.
86 v. Chr.	Si Maqian, Autor der „Aufzeichnungen des Historikers“, stirbt.
9 n. Chr.	Wang Mang etabliert formell die Xin-Dynastie.
3 n. Chr.	Liu Xiu schlägt die Armee der Xin nieder.
25 n. Chr.	Liu Xiu stellt die Han-Dynastie wieder her, die Zeitperiode der Östlichen Han-Dynastie beginnt.
121 n. Chr.	Der Erfinder der Papierherstellung Cai Lun stirbt als Opfer von Palastintrigen.
220 n. Chr.	Untergang der Han-Dynastie.

Vorwort

Die Gründe dafür, dass sich Diskussionen über das gegenwärtige China oft auf wirtschaftliche Bereiche konzentrieren, sind sehr offenkundig: Innerhalb von nur 30 Jahren hat das einst bitterarme, wirtschaftlich wie technologisch rückständige Land den Sprung zur zweitgrössten Wirtschaft der Welt geschafft, 600 Millionen Menschen konnten dadurch der Armut entrinnen. Die Wirtschaftskraft der chinesischen Mittelschicht gleicht sich immer mehr dem Niveau entwickelter Länder an.

Aber während dieses Wachstum astronomischen Ausmasses breite Aufmerksamkeit auf sich gezogen hat, ist es doch nur eine Geschichte von vielen und mag für den neugierigen Leser mehr Fragen über China aufwerfen als beantworten. Am wichtigsten …
Wer sind die Chinesen überhaupt?

Die Reihe „Chinas Geschichte im Comic – China durch seine Geschichte verstehen" ist ein historisches Werk, das ein reiches und umfassendes Porträt der chinesischen Bevölkerung entwirft. Sowohl legendäre als auch reale Figuren, berühmte Schlachten und politische Intrigen werden dargestellt, ebenso wie Invasionen durch Nomaden, die Misere chinesischer Bauern und hin und wieder eine Liebesgeschichte.

Es ergibt sich unter anderem die Fragestellung, wie so viel Geschichte sinnvoll dargestellt werden soll. Die Bände in dieser Reihe ziehen Disziplinen wie Geografie, Wirtschaft und Philosophie heran, um Individuen und ihre Handlungen in einen Kontext zu setzen, und auch um durch die chinesische Geschichte hindurch wiederholt wiederkehrende Themen und Fragestellungen zu identifizieren.

Dies trifft besonders für den ersten Reihenband *„Fundamente der chinesischen Zivilisation"* zu, den Sie jetzt in Händen halten. Während der Wandel der Jahrtausende in China vieles verändert hat, ist jedoch auch vieles konstant geblieben. „Fundamente der chinesischen Zivilisation" erklärt gewisse Besonderheiten Chinas seiner frühen Jahre, die immer noch von grundlegender Wichtigkeit sind, um die chinesische Bevölkerung der Gegenwart zu verstehen.

So, wer sind den nun die Chinesen? Während eine einzige Antwort auf diese Frage niemals ausreichen kann, hoffe ich doch, dass die Leser durch das Eintauchen in die chinesische Geschichte damit beginnen werden, ein Verständnis für die komplexe Akkumulation von Ideen, Auffassungen und Weltanschauungen zu erhalten, welche die Chinesen von heute zu dem machen, was sie sind.
Verwenden Sie dieses Buch dazu, um für sich weitere Wege der Entdeckung und Erforschung zu öffnen.
Schliesslich liegt es jedoch bei Ihnen, den Lesern, die Kraft, die im Streben nach Wissen liegt, zu entfalten.

Jing Liu
Beijing im Jahr 2017

5000 Jahre im Überblick

Nachdem die fünftausendjährige chinesische Zivilisation 17'434 Naturkatastrophen, 3791 Kriege, 663 Kaiser und 95 Dynastien erlebt hat, schreitet sie weiter vorwärts.

Der Wechsel von Dynastien löste immer wieder heftige Unruhen in der Gesellschaft aus.
Immer wenn eine alte Dynastie mit lautem Knall zusammenbrach, erstieg eine neue Dynastie aus ihren Ruinen wie der Phönix aus der Asche und machte sich sodann auf zu neuen Höhen in der Entwicklung.

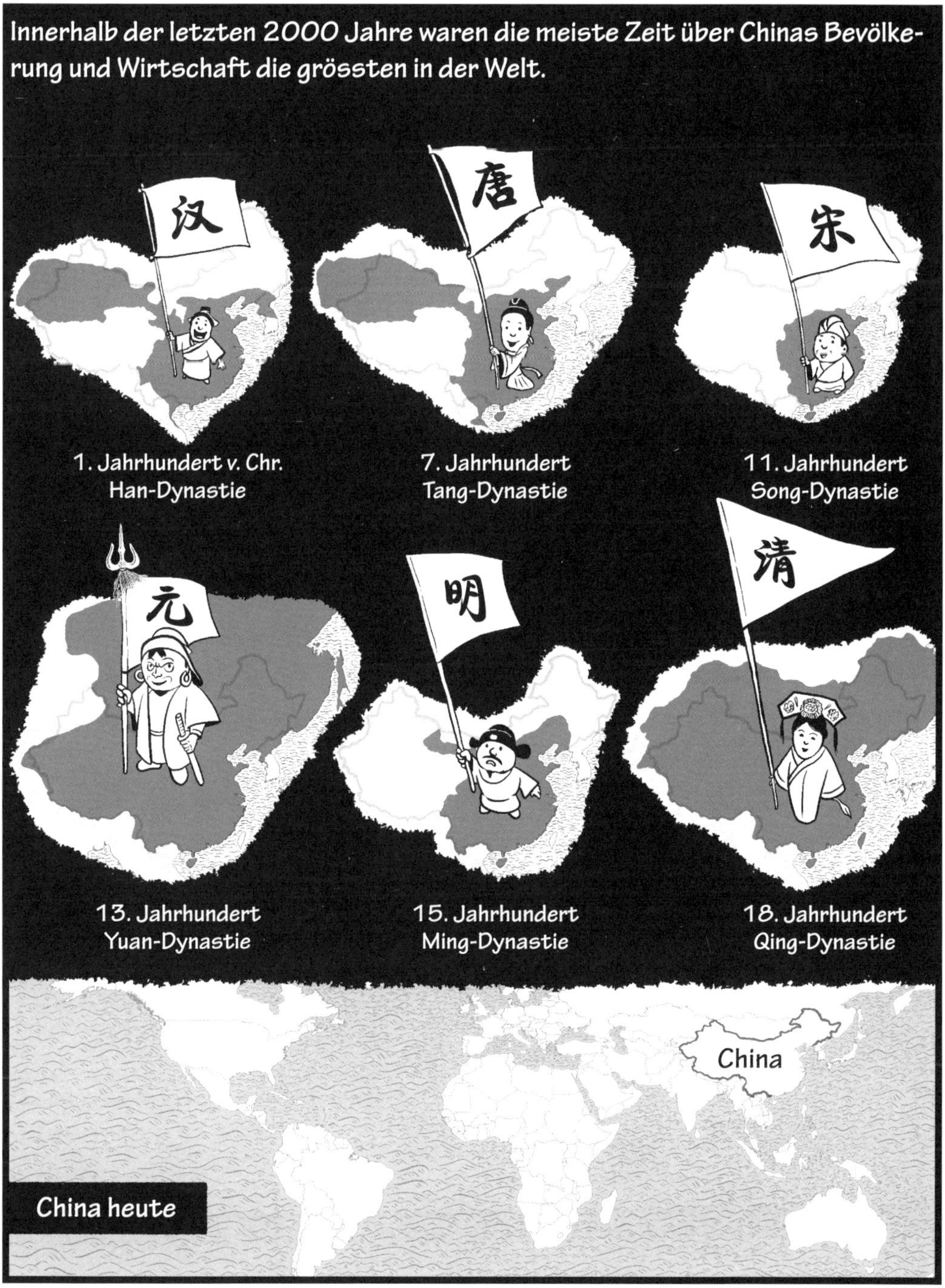
Innerhalb der letzten 2000 Jahre waren die meiste Zeit über Chinas Bevölkerung und Wirtschaft die grössten in der Welt.
汉
1. Jahrhundert v. Chr.
Han-Dynastie
唐
7. Jahrhundert
Tang-Dynastie
宋
11. Jahrhundert
Song-Dynastie
元
13. Jahrhundert
Yuan-Dynastie
明
15. Jahrhundert
Ming-Dynastie
清
18. Jahrhundert
Qing-Dynastie
China
China heute

Unter den 95 vergangenen Dynastien der chinesischen Geschichte sind die folgenden neun Dynastien die wichtigsten.

周	Zhou-Dynastie circa 1047 bis 256 v. Chr.	790 Jahre
秦	Qin-Dynastie 221 bis 206 v. Chr.	15 Jahre
汉	Han-Dynastie 202 v. Chr. bis 220 n. Chr.	422 Jahre
隋	Sui-Dynastie 581 - 618	37 Jahre
唐	Tang-Dynastie 618 - 907	289 Jahre
宋	Song-Dynastie 960 - 1279	319 Jahre
元	Yuan-Dynastie 1271 - 1368	97 Jahre
明	Ming-Dynastie 1368 - 1644	276 Jahre
清	Qing-Dynastie 1644 - 1912	268 Jahre

Zwischen diesen Dynastien war China oft
in kleinere rivalisierende Reiche zerfallen
und wurde von Kriegen heimgesucht.

Dynastischer Zyklus

Traditionelle Historiker und Gelehrte erkannten im Aufstieg und Fall von Dynastien einen Zyklus. Sie bedienten sich dieses Konzepts eines Zyklus, um den Aufstieg und Fall von Dynastien erklären zu können.

1. Eine mächtige Person vereint China und begründet eine neue Herrscherdynastie.

2. Das Land prosperiert.

3. Die Bevölkerung vermehrt sich.

4. Allmählich treten Probleme auf: Ressourcenmangel, Korruption in der Regierung, enorme Unterschiede zwischen Reich und Arm.

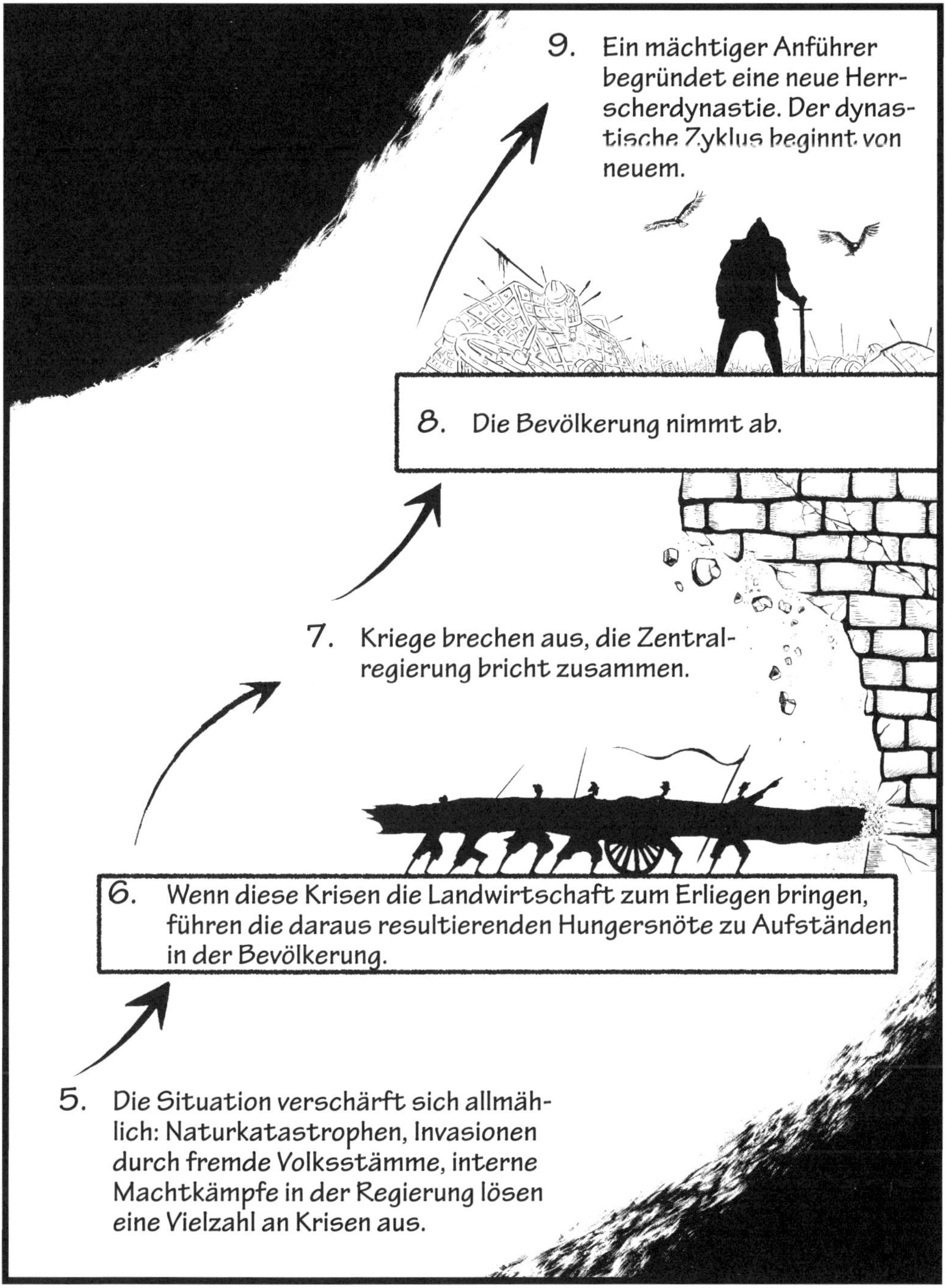
5. Die Situation verschärft sich allmählich: Naturkatastrophen, Invasionen durch fremde Volksstämme, interne Machtkämpfe in der Regierung lösen eine Vielzahl an Krisen aus.
6. Wenn diese Krisen die Landwirtschaft zum Erliegen bringen, führen die daraus resultierenden Hungersnöte zu Aufständen in der Bevölkerung.
7. Kriege brechen aus, die Zentralregierung bricht zusammen.
8. Die Bevölkerung nimmt ab.
9. Ein mächtiger Anführer begründet eine neue Herrscherdynastie. Der dynastische Zyklus beginnt von neuem.

Geografische Voraussetzungen

Naturkatastrophen spielten eine entscheidende Rolle im dynastischen Zyklus, sie führten dazu, den Niedergang von Dynastien zu beschleunigen. China liegt in einer häufig von Naturkatastrophen heimgesuchten Region der Erde.

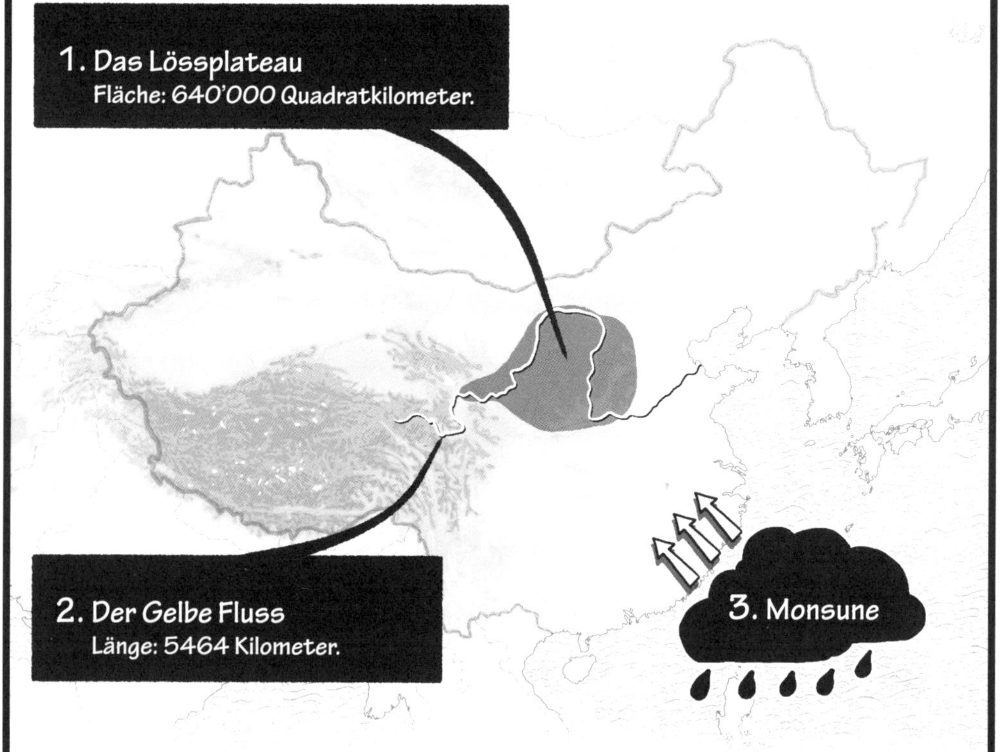

1.

Das Lössplateau ist das Gebiet mit den weltweit grössten Lössablagerungen. Es umfasst eine Fläche, die der des US-Bundesstaates Texas entspricht, oder der kombinierten Fläche der europäischen Staaten Deutschland und Grossbritannien. Der Löss besteht aus angesammeltem Wüstensand, der durch den Wind herangetragen wird, sowie aus Ablagerungen aus der letzten Eiszeit, die vor 11'000 Jahren endete.
Aufgrund des lockeren Bodens und des Fehlens von Vegetation gehört das Lössplateau zu den Regionen der Erde, die am stärksten von Bodenerosion betroffen sind.

2.

Der Gelbe Fluss durchfliesst das Lössplateau und nimmt dabei Erde mit. Der mitgeführte Schlamm gibt dem Flusswasser die gelbe Färbung. An seinem Unterlauf wird der Gelbe Fluss dadurch zum matschigsten Strom unseres Planeten.

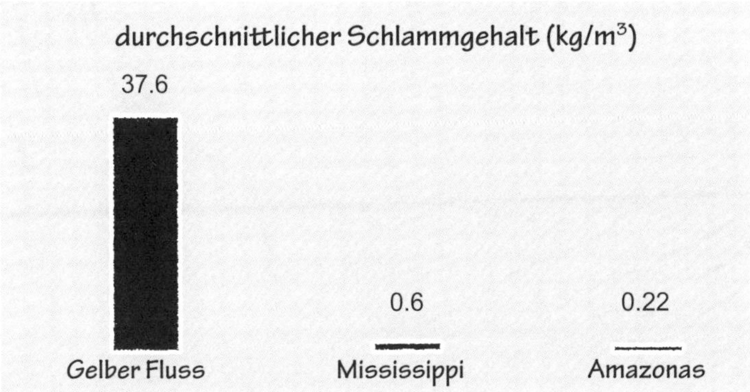

Wenn sich der vom Gelben Fluss mitgeführte Sand am Boden des Flusses ablagert, führt dies zur Verstopfung des Flussbettes, das Wasser muss sich daher neue Wege suchen, was Überschwemmungen verursacht.

3.

Als Monsune bezeichnete Winde während der Sommermonate verursachen heftige Niederschläge. In Chinas Osten konzentriert sich fast der gesamte jährliche Niederschlag auf die drei Sommermonate. Diese Unausgewogenheit im Niederschlag führt häufig zu Überschwemmungen im Sommer, während in anderen Monaten Dürreperioden vorherrschen.

Aufgrund der durch die Bodenerosion des Lössplateaus verursachten Schlammablagerungen im Gelben Fluss und der sommerlichen, von Monsunwinden verursachten heftigen Niederschläge hat China während der letzten 2000 Jahre 1621 Überschwemmungen und 1392 Dürren durchlitten, die von der offiziellen chinesischen Geschichtsschreibung durch alle Dynastien hindurch akribisch dokumentiert wurden.

Die Geburtswiege der chinesischen Zivilisation

Diese geografischen Besonderheiten förderten aber auch das Aufblühen früher chinesischer Zivilisationen.

Nordchinesische Ebene
Die Nordchinesische Ebene besteht hauptsächlich aus Ablagerungen des Gelben Flusses.
Sie wächst bis heute.
Das Einzugsgebiet des Gelben Flusses ist die Geburtswiege der chinesischen Zivilisation.

Die 400-mm-Niederschlagsgrenze

Anhand von Chinas Höhenlage über dem Meeresspiegel lässt sich China in drei Gebiete unterteilen.

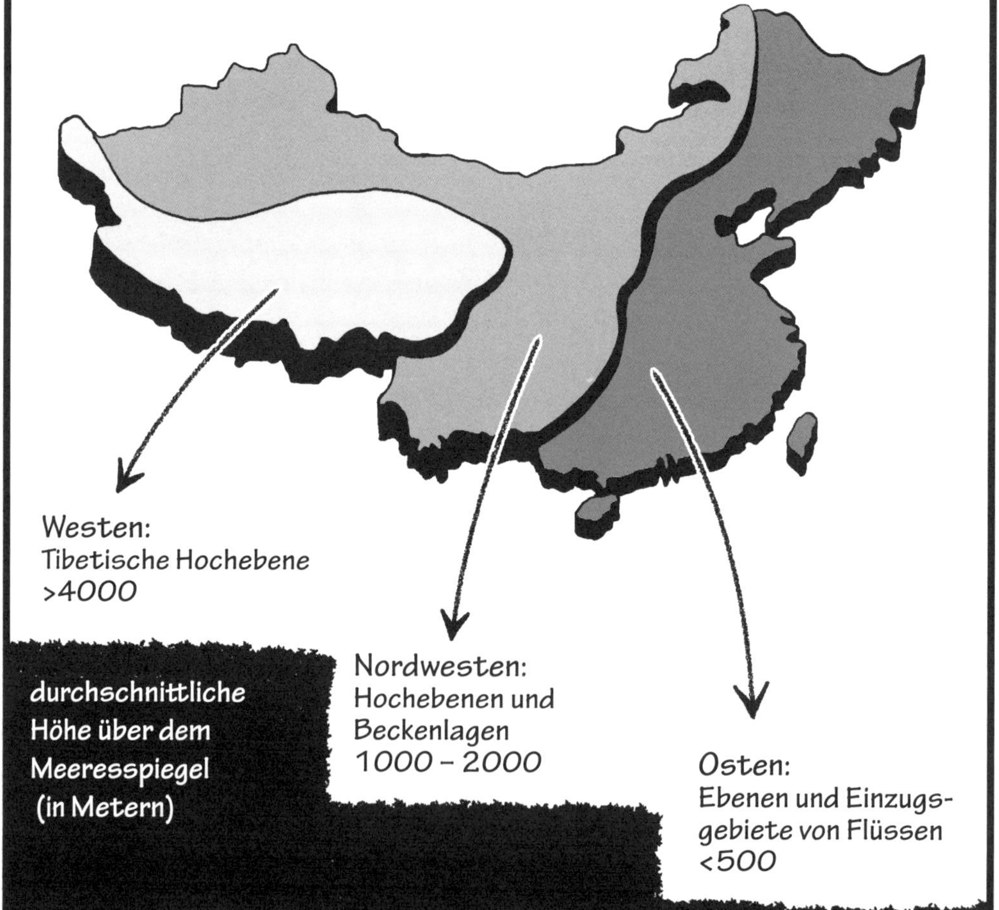

Die Gebiete östlich der Niederschlagsgrenze, wo mehr als 400 mm Niederschlag pro Jahr fällt, eignen sich für den Ackerbau, weshalb die landwirtschaftliche Produktion dort konzentriert ist.
Die Gebiete westlich der Niederschalgsgrenze hingegen, wo weniger Regen als 400 mm pro Jahr fällt , weil Berge das Hochland von den sommerlichen Monsunen abschirmen, sind trocken und unfruchtbar.
Bis heute leben aufgrund des Wassermangels nur 5% der Bevölkerung Chinas in den Gebieten westlich der 400-mm-Niederschlagsgrenze.

Durch die gesamte chinesische Geschichte hindurch drangen immer wieder Nomadenstämme aus den Gebieten westlich der Niederschlagsgrenze nach China ein, um die Ackerbaugebiete östlich der Niederschlagsgrenze zu besetzen.
Papa, ich bin so hungrig!
Um die Invasoren abzuwehren, bauten alle aufeinanderfolgenden Dynastien an der Chinesischen Mauer. Einige ihrer Teilstücke verlaufen genau entlang der 400-mm-Niederschlagsgrenze.

Doch auch die Chinesische Mauer konnte die Invasoren letztlich nicht aufhalten. Nomadenstämme drangen innerhalb der letzten zweitausend Jahre immer wieder gewaltsam in chinesisches Territorium ein und übten einen tiefschürfenden Einfluss auf die chinesische Zivilisation aus.
Xiongnu
Xianbei
Tujue (Kök-Türken)
Dangxiang (Tanguten)
Qidan (Khitan)
Nüzhen (Jurchen)
Mongolen
Mandschuren

Nachdem die fremden Stämme in chinesisches Territorium eingedrungen waren, liessen sie sich oftmals dort nieder und assimilierten sich in die han-chinesische Mehrheitsbevölkerung. Die Sprachen dieser Nomadenvölker beeinflussten die Herausbildung moderner chinesischer Dialekte.

Heute bilden die Han-Chinesen die grösste ethnische Gruppe der Welt.
Die Han-Chinesen machen 92% der chinesischen Bevölkerung aus und haben einen Anteil von 20% an der Weltbevölkerung.

Zentralisierung des Staatswesens

China wurde während etwa der Hälfte der Zeit seiner langen Geschichte von einer Zentralregierung gelenkt. Dies ermöglichte es China, mit seiner auf Landwirtschaft basierten Wirtschaft als Staatswesen fortzubestehen, obwohl es häufig von Überflutungen, Dürrewellen und Invasionen fremder Nomadenstämme heimgesucht wurde.

Sobald aber eine zentralisierte Herrscherdynastie zusammenbrach, schwappte eine Welle der Gewalt über das Land und verursachte enorme Verluste an Menschenleben.

Bis zu zwei Drittel der Bevölkerung verloren bei einem Dynastiewechsel ihr Leben.

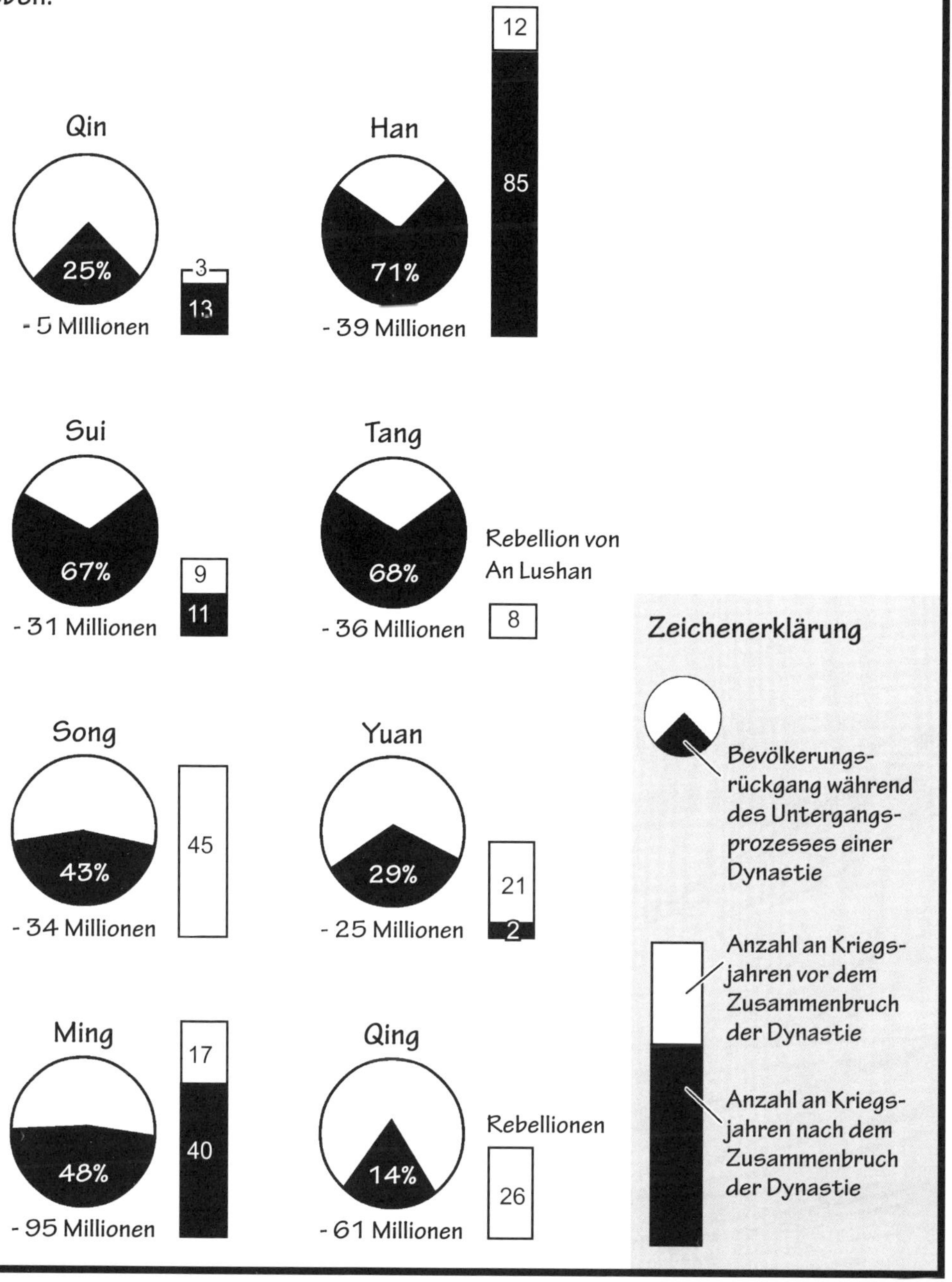

Woher kommen die Chinesen?

Fangen wir ganz von vorne an.

Die meisten Zivilisationen und Kulturen überliefern einander ähnelnde Mythen, um ihre Ursprünge zu erklären.
Wir wurden von Gott erschaffen.
Christentum
Islam
Judentum
Sikhismus
Die Vorfahren der Chinesen glaubten nicht an übernatürliche Schöpfer.
Die chinesische Zivilisation wurde von herausragenden Menschen erschaffen.

In einer Legende löschte eine grosse Flutwelle alle Menschen bis auf ein Geschwisterpaar, Fu Xi und Nüwa, aus.
Laut Legende stammen alle Chinesen von diesen beiden Urahnen ab.
Fu Xi brachte seinen Kindern das Angeln, Jagen und Kochen bei.
Einer ihrer Nachfahren, Shennong, begründete den Ackerbau.

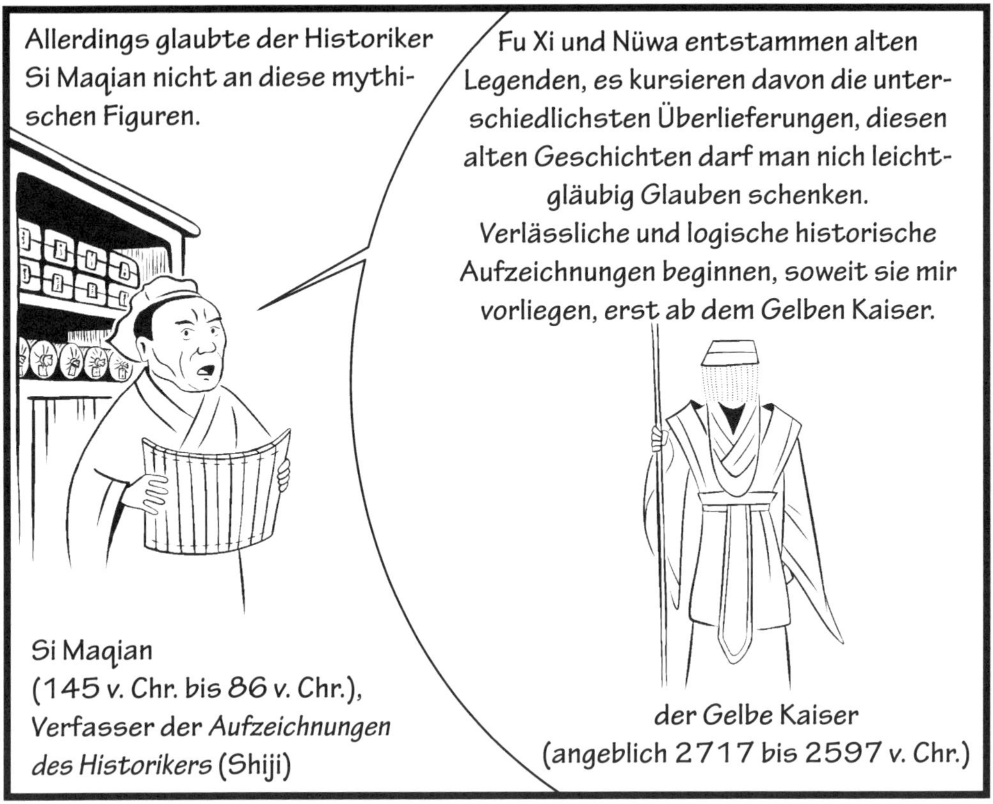
Allerdings glaubte der Historiker Si Maqian nicht an diese mythischen Figuren.
Fu Xi und Nüwa entstammen alten Legenden, es kursieren davon die unterschiedlichsten Überlieferungen, diesen alten Geschichten darf man nich leichtgläubig Glauben schenken. Verlässliche und logische historische Aufzeichnungen beginnen, soweit sie mir vorliegen, erst ab dem Gelben Kaiser.
Si Maqian (145 v. Chr. bis 86 v. Chr.), Verfasser der *Aufzeichnungen des Historikers* (Shiji)
der Gelbe Kaiser (angeblich 2717 bis 2597 v. Chr.)

Um das Einzugsgebiet des Gelben Flusses für die Han-Chinesen zu sichern, schlug der Gelbe Kaiser in seinem Leben zahlreiche Schlachten.

Yao, ein Erbe des Gelben Kaisers, trat den Thron an seinen fähigen Beamten Shun ab.

Als Shun alt geworden war, ernannte er den für die Bekämpfung von Überschwemmungen zuständigen Beamten Yu zu seinem Nachfolger.

Yu begründete die Xia-Dynastie (circa 2070 bis 1600 v. Chr.)
Xia

Bis heute ist es umstritten, ob die Xia-Dynastie wirklich existiert hat.
Die Archäologen haben bis jetzt noch keine schriftlichen Aufzeichnungen gefunden, die einen direkten Beweis für die Existenz der Xia-Dynastie liefern.

Die Shang-Dynastie

(circa 1600 bis 1046 v. Chr.)

Laut traditioneller Geschichtsschreibung folgte auf die quasi legendäre Xia-Dynastie die Shang-Dynastie.

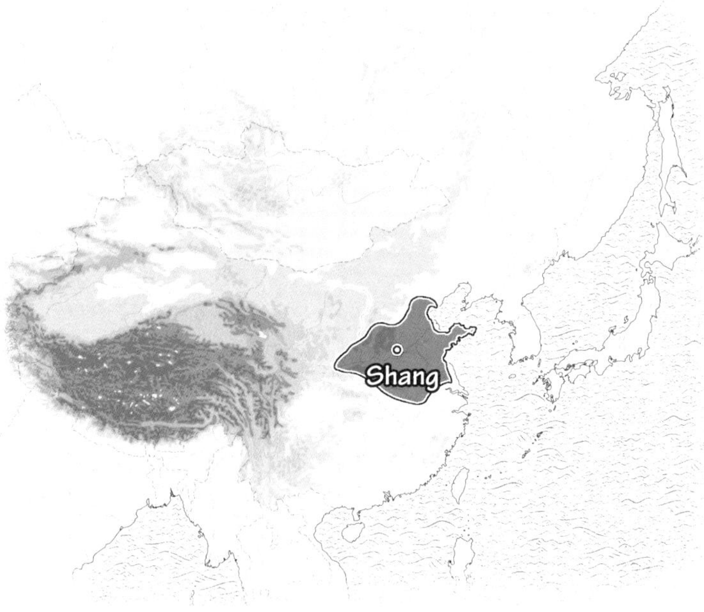

Hauptstadt Yin (die heutige Stadt Anyang in der Provinz Henan)

Zu dieser Zeit entstand die chinesische Schrift und die chinesische Zivilisation machte den Sprung aus den Mythen in die schriftlich festgehaltene Geschichte. Die Shang-Dynastie ist die erste chinesische Dynastie, von der direkte schriftliche Aufzeichnungen überliefert sind.

Damals wurden Schriftzeichen auf Tierknochen oder Schildkrötenpanzer eingeritzt.
Das Schriftsystem dieser frühen Schriftzeichen wird heute als Orakelknochenschrift bezeichnet.

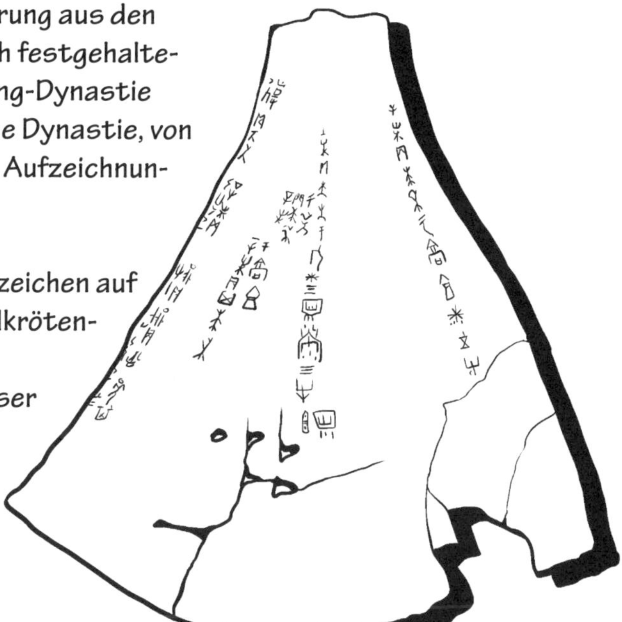

Orakelknochenschrift (etwa 1300 bis 1050 v. Chr.)

Die Shang-Könige beschäftigten Wahrsager, die glaubten, mittels den auf den Orakelknochen eingeritzten Zeichen die Zukunft vorhersagen zu können.
Ich habe eine Frage an meine Ahnen im Himmel.
Shang-König Wu Ding (1250 – 1192 v. Chr.)
Meine Frau ist schwanger. Wird es ein Junge oder ein Mädchen?
Es wird ein Mädchen.

Die der Zukunftsvorhersage dienenden Inschriften auf den Orakelknochen gewähren Archäologen Einblicke in die Gesellschaft zur Zeit der Shang-Dynastie.

Bis heute wurden 150'000 Orakelknochen mit Inschriften gefunden. Darin wurden über 4500 Schriftzeichen der Orakelknochenschrift verwendet. Von diesen frühen Schriftzeichen verstehen wir die Bedeutung nur etwa eines Drittels.

Einige noch heute verwendete chinesische Schriftzeichen haben ihre Ursprünge in der Shang-Dynastie.

Orakelknochenschrift:	Moderne chinesische Schrift:	Grundbedeutung:
	牛	Rind
	羊	Schaf
	京	Hauptstadt
	鼎	Gefäss
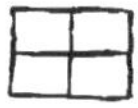	田	Feld
	木	Baum
	水	Wasser

Laut der Aufzeichnungen auf den Orakelknochen befand sich die Shang-Dynastie in ständigen Auseinandersetzungen mit rebellischen Vasallen und feindlichen Nachbarstaaten.

1046 v. Chr. erhoben sich mehr als 800 der Shang-Dynastie unterstehende Vasallenstaaten und stürzten unter Führung des Zhou-Reiches ihre Feudalherren der Shang-Dynastie.

König Wu von Zhou (Regierungszeit 1046 – 1043 v. Chr.) proklamierte die Errichtung der Zhou-Dynastie.

Die Zhou-Dynastie*

(1046 v. Chr. – 256 v. Chr.)

◎ Hauptstadt Haojing (heutiges Xi'an)

○ östliche Hauptstadt Luoyi (heutiges Luoyang)

* Die Zhou-Dynastie wird in zwei Abschnitte unterteilt. Der erste Abschnitt wird als Westliche Zhou-Dynastie bezeichnet und dauerte von 1046 bis 771 v. Chr.

„Die drei Systeme“ als tragende Säulen der Zhou-Dynastie

Um die Bevölkerung der ehemaligen Shang-Dynastie davon zu überzeugen, die Herrschaft der neuen Zhou-Dynastie zu akzeptieren, entwickelten König Wu von Zhou und sein jüngerer Bruder, der Herzog von Zhou, ein System von Praktiken, Gesetzen und Verhaltenskodexen, die später als Ausgangspunkt zur Entwicklung der chinesischen politischen Philosophie dienen würden – die sogenannten „drei grossen Systeme“.

分封

Verteilung von Lehen

Verteilung neueroberter Gebiete an Lehnsherren

宗法

Sippengesetze

Die Sippengesetze dienten dazu, die Lehensgebiete und den Herrscherhof eng aneinander zu binden.

礼乐

Riten und Musik

Mittels Ritualen und zeremonieller Musik sollte die Rangordnung zwischen dem Herrscher und seinen Vasallen betont werden.

Zuteilung von Lehen
Der Zhou-König entsandte 71 Verwandte und Verbündete in die neu eroberten Gebiete, um sie dort als Lehnsherren einzusetzen.
Ihr könnt nur einen kleinen Trupp an Soldaten zu eurem Lehensgebiet mitnehmen. Nachdem ihr dort angekommen seid, sammelt ihr von der lokalen Bevölkerung Steuern ein und hebt in der lokalen Bevölkerung Wehrpflichtige zum Militärdienst aus, um damit euer Fürstentum aufzubauen.
Im Gegenzug müsst ihr als meine Lehnsfürsten mir in geregelten Zeitabständen Tribute zahlen und im Kriegsfall Soldaten entsenden, um mir militärischen Beistand zu leisten.
Ich erkläre mal, wie diese Systeme funktionieren.

Auf die Familienklane der Zhou-Dynastie gehen viele noch heute verwendete Familiennamen zurück.

姚	陈	吴	周	赵	黄	冯	鲁
Yao	Chen	Wu	Zhou	Zhao	Huang	Feng	Lu

Heute tragen 85% der chinesischen Bevölkerung einen der 100 häufigsten Familiennamen. Viele dieser Familiennamen stammen aus der Zhou-Dynastie.

Riten und Musik

Der Herzog von Zhou war dafür verantwortlich, die Erstellung der frühesten Bücher mit Gesetzen und Normen für das Beamtensystem und den Regierungsapparat sowie für Riten und Feierlichkeiten zu beaufsichtigen.

- In den *Riten der Zhou* werden die grundlegenden Regierungsstrukturen der Zhou-Regierung erklärt.

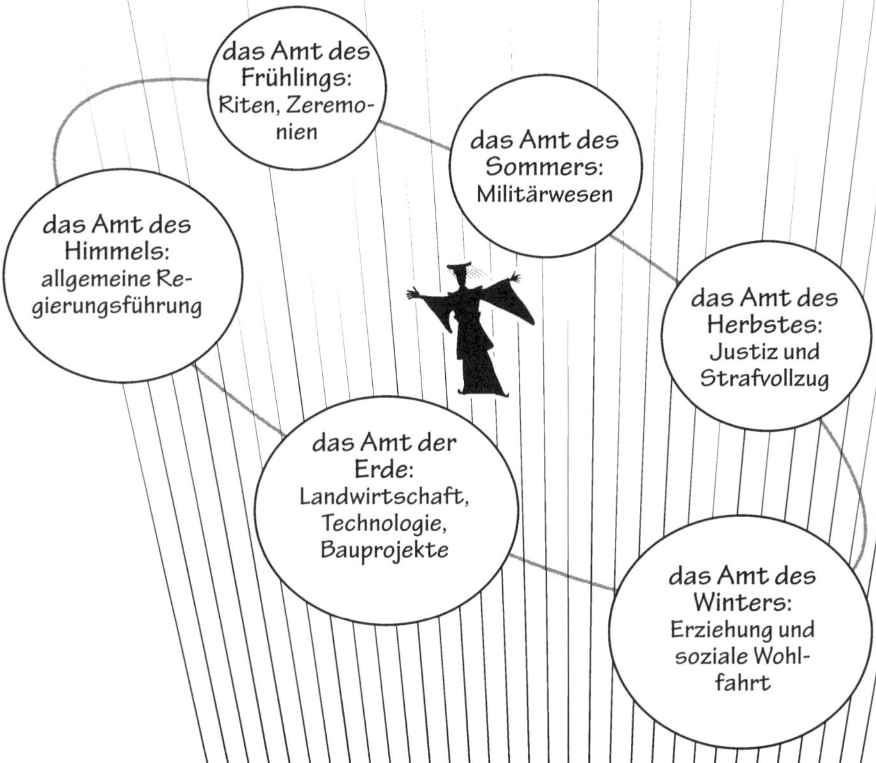

- Im *Buch der Etikette und Zeremonien* werden Verhaltenskodexe, Rituale und Zeremonien bei Feierlichkeiten beschrieben.

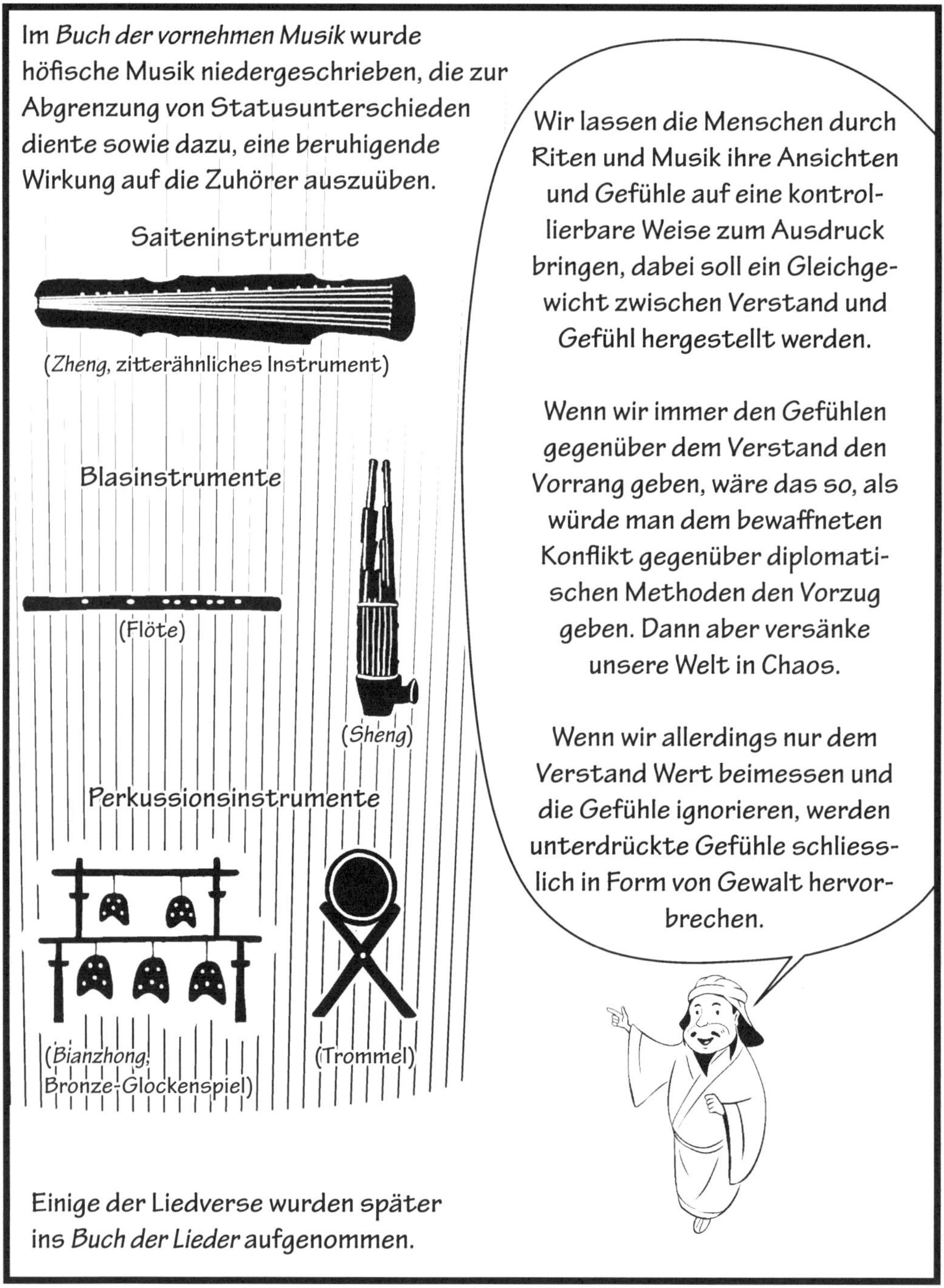
Im *Buch der vornehmen Musik* wurde höfische Musik niedergeschrieben, die zur Abgrenzung von Statusunterschieden diente sowie dazu, eine beruhigende Wirkung auf die Zuhörer auszuüben.
Saiteninstrumente
(*Zheng*, zitterähnliches Instrument)
Blasinstrumente
(Flöte)
(*Sheng*)
Perkussionsinstrumente
(*Bianzhong*, Bronze-Glockenspiel)
(Trommel)
Wir lassen die Menschen durch Riten und Musik ihre Ansichten und Gefühle auf eine kontrollierbare Weise zum Ausdruck bringen, dabei soll ein Gleichgewicht zwischen Verstand und Gefühl hergestellt werden.
Wenn wir immer den Gefühlen gegenüber dem Verstand den Vorrang geben, wäre das so, als würde man dem bewaffneten Konflikt gegenüber diplomatischen Methoden den Vorzug geben. Dann aber versänke unsere Welt in Chaos.
Wenn wir allerdings nur dem Verstand Wert beimessen und die Gefühle ignorieren, werden unterdrückte Gefühle schliesslich in Form von Gewalt hervorbrechen.
Einige der Liedverse wurden später ins *Buch der Lieder* aufgenommen.

Das *Buch der Wandlungen*

易经

Da sie in einem vorwissenschaftlichen Zeitalter lebten, bedienten sich die Zhou-Herrscher eines der Zukunftsvorhersage dienenden Handbuches, dem *Buch der Wandlungen*, um die Welt und ihre Phänomene erklären zu können und um zu Regierungsentscheidungen zu gelangen.

Wir ordnen 50 Halme der Schafgarbe zufällig zu unterschiedlichen der Weissagung dienenden Mustern an, die auch als Orakeldiagramme, Wahrsagesymbole oder Hexagramme bezeichnet werden. Jedes Wahrsagesymbol besteht aus 6 horizontalen Linien, die durchzogen oder unterbrochen sein können.
Eine Gruppe besteht aus 6 Linien, damit ergeben sich 64 verschiedene Kombinationen, also 64 verschiedene Wahrsagesymbole. Jedes Wahrsagesymbol gewährt Einsichten in unsere in ständigem Wandel begriffene Welt und hilft uns dabei, diese zu ergründen.
64 Wahrsagesymbole
x 6 Reihen
= 384 Linien
Laut Auffassung der traditionellen Geschichtsschreibung hat der Herzog von Zhou die Bedeutung jeder Linie in diesen Wahrsagesymbolen erklärt und im *Buch der Wandlungen* niedergeschrieben.

Durch die chinesische Geschichte hindurch haben Gelehrte, Philosophen und Staatsmänner die in diesem Buch beschriebenen Wahrsagesymbolen sehr unterschiedlich interpretiert.
Überfluss weist auf Expansion hin. Unsere Armee hat eine Strahlkraft wie die glühende Mittagssonne. Unser Herrscher sollte die Gunst der Stunde nutzen und in alle Himmelsrichtungen Eroberungsfeldzüge unternehmen.
Wahrsagesymbol Nr. 55 Name: 丰
Erklärung: 亨。王假之，勿忧，宜日中。
Seid ihr sicher, dass dies nicht bedeutet, dass der Herrscher um die Mittagszeit die Rituale des Ahnenkultes und der Ahnenopferung vollziehen sollte?
Dies soll uns dazu ermahnen, Kriminelle schnellstmöglich zu verurteilen und die Vollstreckung der Strafen vor Mittag durchzuführen.
4
3
2
Ihr liegt alle falsch. Die Zeilen 2 und 3 im Wahrsagesymbol Nr. 55 beschreiben nur eine Sonnenfinsternis um die Mittagszeit. Es gibt kein Grund zur Besorgnis.

Das Mandat des Himmels

Zu den vom Herzog von Zhou hinterlassenen kulturellen Vermächtnissen gehört ausserdem noch das berühmte Konzept des Mandats des Himmels.

Spätere Denker erweiterten dieses Konzept.
Mandat des Himmels
=
Mandat/Wille des Volkes
Der Herrscher mag einem gewöhnlichen Bürger übergeordnet sein, aber er muss sich dem Volk als Ganzem beugen und sich dem Wohl und den Interessen des gesamten Volkes unterordnen.

Das Mandat des Himmels wurde zum von Rebellen verwendeten universellen Schlachtruf, der durch die chinesische Geschichte hindurch immer wieder ertönte. Das Volk habe das Recht, jeden Herrscher zu stürzen, der darin versagt, sich um die Bedürfnisse der Bevölkerung zu kümmern.
Mandat des Himmels
Der Herrscher hat das Mandat des Himmels gebrochen, das Volk hat keine Überlebensgrundlagen mehr, es lebt in bitterer Not. Wir haben keine andere Wahl mehr, als zu rebellieren.
Ich nehme das Mandat des Himmels an, die alte Dynastie durch eine neue abzulösen und damit die Bevölkerung von ihrem Elend zu erlösen.

Das Brunnenfeldsystem

Aus Furcht davor, das Mandat des Himmels wieder zu verlieren, sorgten die frühen Zhou-Herrscher gewissenhaft dafür, dass jede Familie genügend Ackerland zur Bebauung und ausreichend Nahrung und Kleider zur Verfügung hatte, um ihre Bedürfnisse zu decken.

Aber das Brunnenfeldsystem wurde nach einiger Zeit immer anfälliger für Probleme und geriet allmählich ausser Gebrauch.
Die Fürsten sind gierig geworden und zweigen die Ernteerträge für sich ab, anstatt sie an den Herrscherhof abzuliefern.
Ausserdem führen neue Werkzeuge wie etwa von Ochsen gezogene Eisenpflüge zu Produktivitätssteigerungen, die es den Menschen ermöglichen, bislang unkultiviertes Land urbar zu machen und unerlaubterweise als privates Land ausserhalb des Brunnenfeldsystems zu bestellen.
Wenn das so weitergeht, wird die Staatskasse bald leer sein, wie soll dann noch der Staatshaushaltsbedarf gedeckt werden und die Regierung ihre Aufgaben erfüllen können? Wie sollen wir uns noch gegen die Invasionen ausländischer Nomandenstämme verteidigen können?

Die Macht entgleitet den Zhou-Herrschern
Um die Staatskassen zu füllen, versuchte König Li von Zhou, den Privatbesitz von Land zu verbieten.
Kleine wie grosse Grundbesitzer setzen mir harten Widerstand entgegen.
König Li von Zhou (Regierungszeit circa 877 – 841 v. Chr)
硕硕硕鼠，无食我黍
三岁贯汝，莫我肯顾。
逝将去汝，适彼乐土。
乐土乐土，爰得我所。
Grosse Ratte, grosse Ratte,
du sollst nicht unsere Hirse wegfressen!
Wir haben dir viele Jahre gedient,
aber du hast dich nie auch nur einen Deut um uns geschert.
Eines Tage werden wir dich verlassen
und zu einem glücklichen Land aufbrechen.
In diesem glücklichen Land
werden wir unsere Heimstätte finden.

König Li von Zhou hielt hartnäckig an seiner Politik fest und setzte alles daran, sämtliche Opposition zu unterdrücken.
Nehmt alle fest, die sich mir widersetzen.
Den Menschen den Mund zu verbieten, gleicht dem Versuch, einen Flusslauf zu blockieren. Ein gestauter Fluss wird die Dämme durchbrechen und über die Ufer treten und dabei werden viele Menschen zu Schaden kommen.
Und schliesslich brachen die Dämme. 841 v. Chr. brach in der Hauptstadt Haojing in der Bevölkerung ein grosser Aufstand aus.
König Li von Zhou floh aus der Stadt.
Während der Herrscher im Exil weilte, ergriff eine Gruppe Adliger die Macht und regierte das Land praktisch ohne einen König, dieser Zeitabschnitt wird als Gong-He-Regentschaft bezeichnet (841 bis 828 v. Chr.).

Als König Xuan von Zhou die Thronfolge antrat, versuchte er mit aller Kraft, die zentrale Regierungsgewalt des Herrschers wiederherzustellen.
Gegen ungehorsame Fürsten, die unbefugt Macht an sich gerissen haben, sollen Truppen entsandt werden.
König Xuan von Zhou
(Regierungszeit 827 bis 782 v. Chr.)
Während der Regierungszeit des Sohnes von König Xuan, König You, erreichten die Spannungen zwischen dem König und regionalen Kräften noch nie dagewesene Höhen.
König You von Zhou
(Regierungszeit von 781 bis 771 v. Chr.)
Im Jahr 771 v. Chr. nahm ein lokaler Feudalherr, Fürst Shen, die Hauptstadt im Sturm ein. Er setzte seinen Enkel auf den Thron und begründete damit die Östliche Zhou-Dynastie.
Fürst Shen
(? – 771 v. Chr.)
König Ping von Zhou
(Regierungszeit 770 – 720 v. Chr.)

Die Östliche Zhou-Dynastie

Während der Östlichen Zhou-Dynastie (770 – 256 v. Chr.) regierten die Zhou-Könige nur dem Namen nach. Die wahre Macht lag in den Händen regionaler Fürsten, diese schalteten und walteten in ihren jeweiligen Machtssphären nach eigenem Gutdünken.

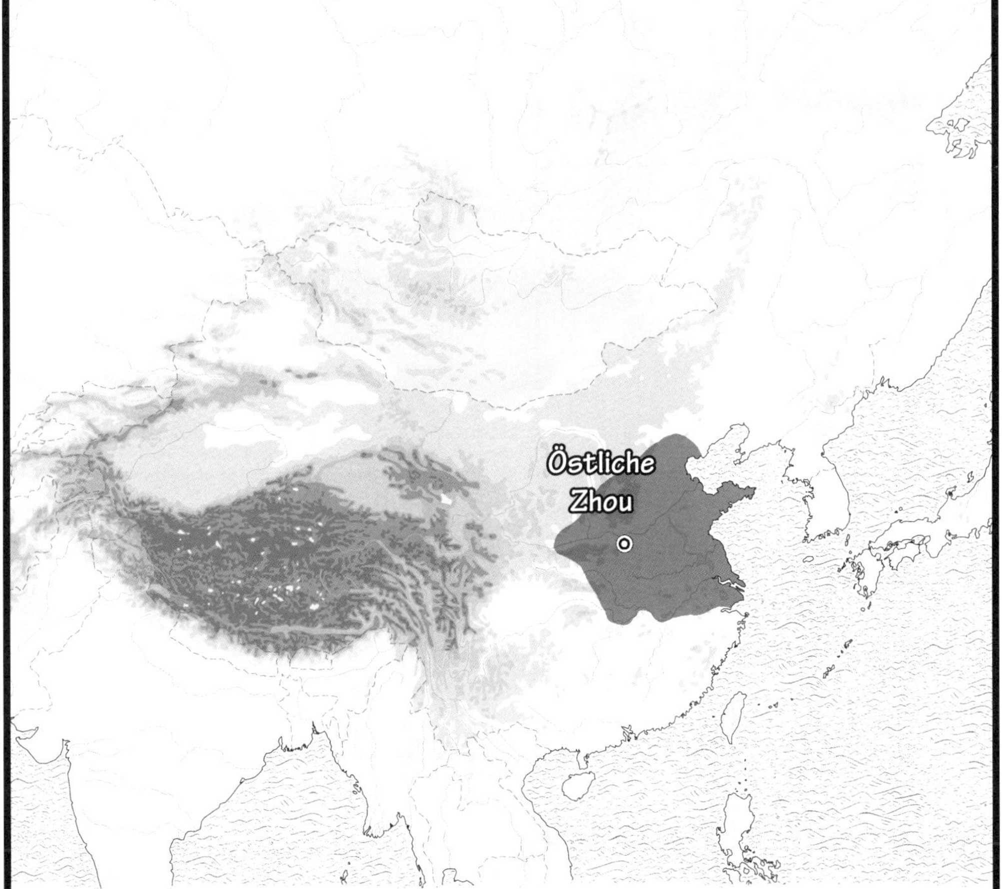

◎ Hauptstadt Luoyi (das heutige Luoyang)

Die Östliche Zhou-Dynastie wird in zwei Abschnitte unterteilt.

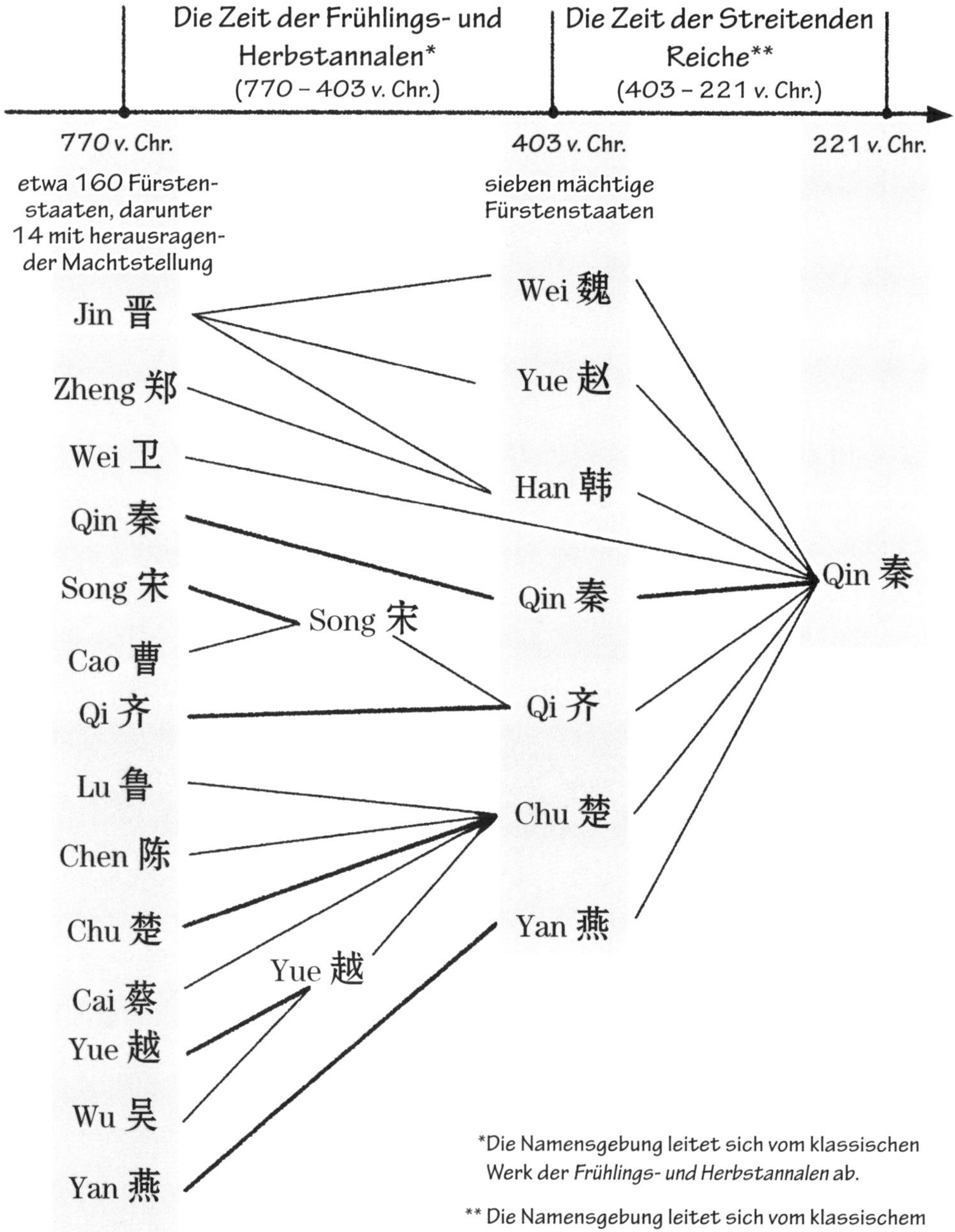

*Die Namensgebung leitet sich vom klassischen Werk der *Frühlings- und Herbstannalen* ab.

** Die Namensgebung leitet sich vom klassischem Werk der *Strategeme der Streitenden Reiche* ab.

Sich verschärfende Konflikte führen zu einem Wandel in der Kriegsführung

Stärkere Länder schluckten ununterbrochen schwächere Länder, die militärischen Konflikte erreichten eine neue Eskalationsstufe.

	Zeit der Frühlings- und Herbstannalen	Zeit der Streitenden Reiche
Kriegsdauer	1-10 Tage	mehrere Monate bis zu fünf Jahre
Anzahl eingesetzter Soldaten	20'000 bis 100'000 Soldaten	300'000 bis 1 Million Soldaten
Waffen	fein gearbeitete Bronzewaffen von Pferden gezogene Kriegswagen Bogen, deren Handhabung trainierte, talentierte Schützen erfordert	grobe Waffen aus Eisen, die einfach in der Herstellung sind Kavallerie Armbruste, deren Benutzung wenig Training erfordert
Kriegsschauplätze	ausserhalb von Städten auf weitem, offenem Gelände	überall

Das Aufkommen von Handel und Währungen

Nur in seltenen Fällen verfügten die einzelnen Fürstenländer selbst über alle benötigten Ressourcen. Folglich begannen sie in der Zeit der Frühlings- und Herbstannalen damit, untereinander Handel zu treiben.

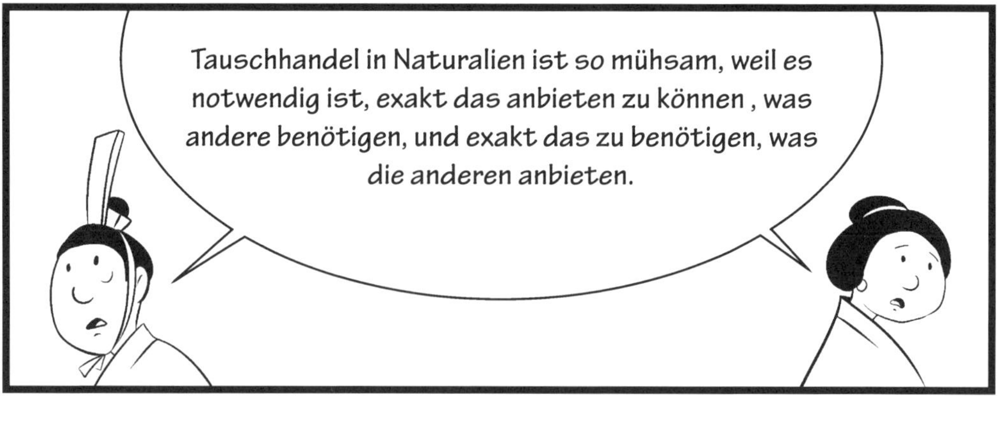

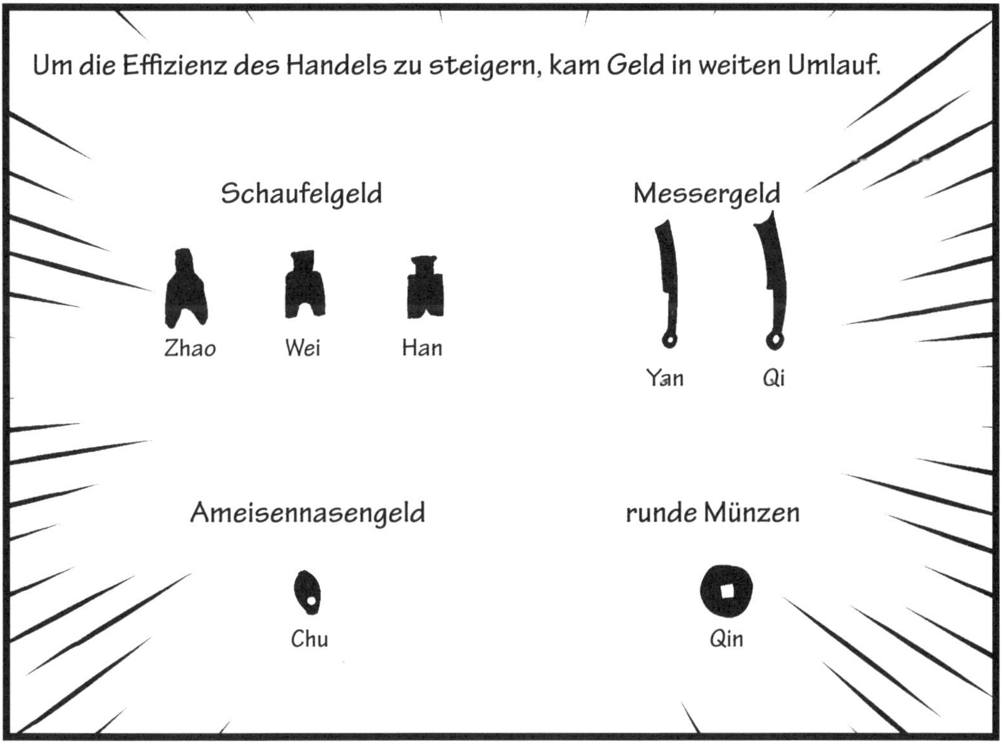
Um die Effizienz des Handels zu steigern, kam Geld in weiten Umlauf.
Schaufelgeld
Zhao
Wei
Han
Messergeld
Yan
Qi
Ameisennasengeld
Chu
runde Münzen
Qin

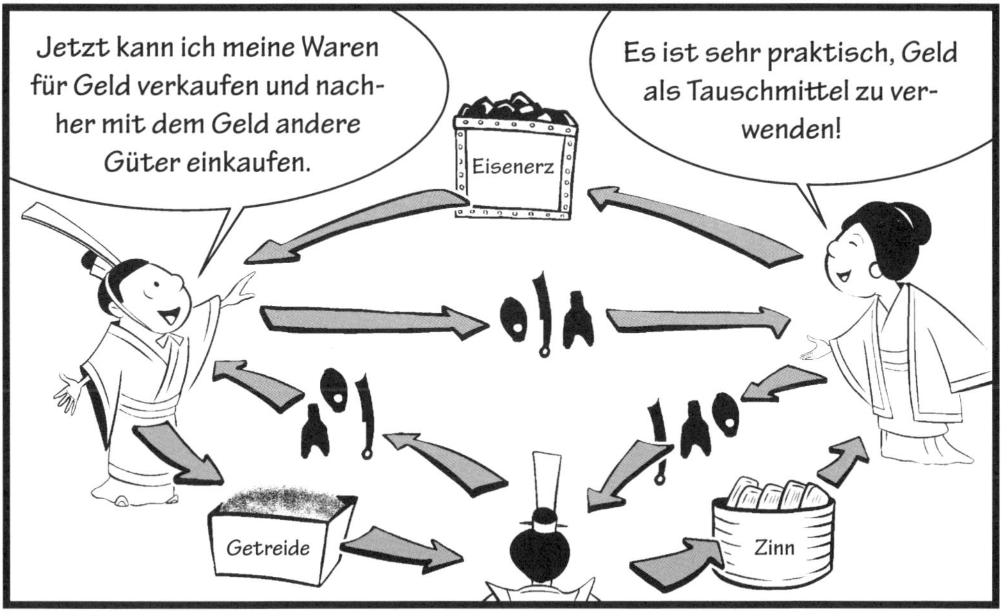
Jetzt kann ich meine Waren für Geld verkaufen und nachher mit dem Geld andere Güter einkaufen.
Es ist sehr praktisch, Geld als Tauschmittel zu verwenden!
Eisenerz
Getreide
Zinn

Hundert Denkschulen wetteifern miteinander

Die Östliche Zhou war eine Zeit der Turbulenzen und Umwälzungen und eine Minderheit nutzte die Gelegenheit, um riesige Reichtümer anzuhäufen, aber das Leben der Mehrheit der Menschen wurde immer härter.
Adlige und Beamte, die ihre Machtstellung eingebüsst hatten, gerieten ebenfalls in bittere Armut.

Ein möglicher Lebensunterhalt für Mitglieder ehemaliger, einst mächtiger Eliten war ein Dasein als Lehrer. Unter der Anleitung dieser Privatlehrer bildeten sich zur Zeit der Frühlings- und Herbstannalen viele lebendige geistige Strömungen heraus, es konkurrierten sprichwörtlich 100 Schulen miteinander.

儒家 Konfuzianismus
道家 Daoismus
法家 Legalismus
墨家 Mohismus
阴阳家 Schule von Yin und Yang
名家 Schule der Namen
农家 Schule der Landwirtschaft
纵横家 Schule der Diplomatie (wörtlich: der horizontalen und vertikalen Allianzen)
小说家 Schule der „kleinen Reden“
兵家 Schule der Militärstrategie und Kriegsführung
杂家 Schule des Synkretismus /Eklektizismus
……

Dies waren die sechs bedeutendsten Denkschulen:

Denkschule	Ursprung
儒家 Konfuzianismus	Gelehrte, die in den Klassikern, den Riten und der Musik bewandert waren
道家 Daoismus	Ehemalige Beamte, die zu Eremiten geworden waren und in der Abgeschiedenheit von der menschlichen Gesellschaft und in der Loslösung vom Alltag danach strebten, Wissen zu erlangen und sich spirituell selbst zu vervollkommnen
法家 Legalismus	Juristische und politische Berater
墨家 Mohismus	Militärbeamte, Militäroffiziere
阴阳家 Lehre von Yin und Yang	Alchemisten, Wahrsager, Ärzte und Heiler
名家 Schule der Namen	Versammlungsredner, Debattierer

In der damaligen Zeit, als miteinander rivalisierende Fürsten für alle Ideen offen waren, die ihnen helfen könnten, ihr eigenes Fürstentum zu stärken und ihre Rivalen zu erorbern, kam es zu einem freien Strom und Austausch von Gedanken und Ideen.
Wie kann ich eine Gesellschaft aufbauen, die 10'000 Jahre überdauern kann? Wie lässt sich ein Staat aufbauen, der niemals zu Fall kommt?
Konfuzianismus
Eine gute Gesellschaft beginnt mit guten Menschen.
Damit sich Menschen zum Guten entwickeln, müssen sie dazu inspiriert, nicht dazu gezwungen werden.
Menschen sind von Natur aus gut. Es ist die Gesellschaft selbst, die durch ihre schlechten Einflüsse auf die Menschen später erworbenes schlechtes Verhalten veursacht.
Ein aufgeklärter Herrscher sollte dafür Sorge tragen, dass alle Bürger in bescheidenem Wohlstand ohne existenzielle materielle Sorgen leben können, eine gute Erziehung und Ausbildung erhalten und ihre natürlichen Veranlagungen ausleben können.
孔子
Kongzi (Konfuzius), ein chinesischer Denker
孟子
Mengzi (Menzius), Schüler eines Enkelsohns von Konfuzius

Mohismus
Wenn nur alle Menschen einander gleich und gerecht als Ebenbürtige behandelten, dies selbst gegenüber Fremden, und füreinander sorgten und einander liebten, würde sich die Gesellschaft bestimmt zum Nutzen aller verbessern.
Wir brauchen eine zentrale Autorität, die durch Belohnung guter Taten und Bestrafung schlechter Taten darüber wacht, dass sich die Menschen gemäss dem Prinzip der universalen Liebe verhalten.
墨子
Mozi, ein Militärexperte

Daoismus
Der Mensch ist nur ein kleiner Teil der Natur und der Wirklichkeit. Wenn der Mensch versucht, zu viel zu verändern, wird die natürliche Ordnung durcheinandergebracht, und dadurch wird die Gesellschaft ins Chaos gestürzt.
Die Stärke eines Staates hat ihren Ursprung im Streben eines jeden einzelnen Individuums nach Freiheit und Glück, nicht aber in kollektiver Selbstaufopferung.
老子
Laozi, ein mystischer Philosoph
庄子
Zhuangzi, erst ein Beamter, später ein Eremit

Legalismus
Beim Regieren eines Landes kann man sich nicht bloss auf den Gutwillen seiner Bürger verlassen, die Regierung benötigt ein den Realitäten entsprechendes System der Justiz und des Strafvollzuges.
In diesem System sind vor dem Gesetz, mit Ausnahme des Herrschers, alle Menschen gleich.
Der Mensch ist von Natur aus böse und muss durch Gesetze in Schranken gehalten werden.
Die Regierung muss Gesetzesübertretungen streng bestrafen und die gesetzestreuen Bürger beschützen.
管子
Guanzi, ein Reichskanzler
韩非子
Han Feizi, ein Aristokrat

Die Schule der Militärstrategie und der Kriegsführung erfreut sich bis heute grosser Popularität.

孙子

Sunzi (auch Sun Tzu oder Sun Wu genannt), ein Militärgeneral, ist der wichtigste Vertreter dieser Denkschule. Sein strategisches Denken wurde in dem Klassiker *Die Kunst des Krieges* festgehalten.

Unter den Denkern der Östlichen Zhou-Dynastie ist Konfuzius der weitaus bekannteste. Er ist möglicherweise die einflussreichste Persönlichkeit in der gesamten chinesischen Geschichte.

孔子 Konfuzius
(circa 551 – 479 v. Chr.)

Konfuzius wurde während der Zeit der Frühlings- und Herbstannalen in eine Familie des niederen Adels hineingeboren.
Als ich drei Jahre alt war, ist mein Vater gestorben. Er war ein grosser General.
Im Alter von 19 Jahren begann Konfuzius zu arbeiten.
Weil ich arm war, bin ich vielen verschiedenen Tätigkeiten nachgegangen.
Buchhalter
Lagerist
Hirte
Wann immer er Freizeit hatte, suchte er die Nähe von Philosophen, Gelehrten und Musikern, um von diesen zu lernen.

Es war eine unsichere Zeit voller Konflikte und Tumulte. Zusammenstösse zwischen rivalisierenden Fürstenstaaten setzten sich bereits seit über 200 Jahren regelmässig fort.

Mein Heimatstaat befindet sich im Niedergang. Der Herrscher und seine Minister machen sich gegenseitig die Macht streitig, rivalisierende Klans bekämpfen sich. Die Wirtschaft liegt am Boden. Die Moral ist degeneriert, die Traditionen liegen in Scherben.
Im Alter von 30 Jahren beschloss Konfuzius, dass sich dies alles ändern müsse. Er machte sich auf eine Reise auf, die China verändern würde. Seine Taten sollten China für die nächsten 2000 Jahre beeinflussen.

Wir brauchen eine bessere Welt.
Wir brauchen eine Welt mit Ordnung und Regeln, in der ein jeder eine geordnete Rolle hat.
Alle Menschen, darunter die Herrscher wie ihre Untertanen, die Beamten und deren Untergebene, Eltern und deren Kinder, Männern und Frauen, müssen ihre jeweiligen Rollen akzeptieren und ihre Verpflichtungen gegenüber anderen erfüllen.
Diese neue Ordnung wird Harmonie und Frieden bringen.

Sagst du damit, dass ich mich bereitwillig damit zufrieden geben soll, für immer am unteren Rand der Gesellschaft festzusitzen?
Es gibt eine Möglichkeit, die eigene Rolle in der Gesellschaft und damit sein Schicksal zu verändern:
Durch Bildung!
Aber nur Adelige können sich Bildung leisten.
Ich glaube daran, dass unabhängig von Vermögen und gesellschaftlichem Rang ein jeder Mensch durch Lernen sich selbst verbessern kann.
Ich kann dich unterrichten und dich für eine Tätigkeit in der Regierung vorbereiten, damit du später deinem Land dienen kannst.

Lehren der Westlichen Zhou:

六德 Sechs Tugenden:

知 Wissen
仁 Barmherzigkeit
圣 Würde, Respekt
义 Gerechtigkeit
忠 Loyalität, Treue
和 Güte

六行 Sechs Elemente:

孝 Ehrfurcht gegenüber den Eltern
友 Freundschaft
睦 gute Nachbarschaft
姻 Sittlichkeit in der Ehe
任 Verantwortung
恤 Mitgefühl

六 艺 Sechs Künste:

礼 Riten/Zeremonien
乐 Musik
射 Bogenschiessen
御 Reiten
书 Schreiben
数 Mathematik

Konfuzianische Lehren:

五常 Die fünf Konstanten:

仁 Humanität, Nächstenliebe
义 Gerechtigkeit
礼 Rituale, Etikette
知 Wissen
信 Aufrichtigkeit, Verlässlichkeit, Integrität

四德 Die vier Tugenden:

忠 Loyalität, Treue
孝 Achtung der Eltern
节 Selbstbeherrschung
义 Prinzipientreue

五经* Die fünf Klassiker*:

《诗经》 Das Buch der Lieder
《尚书》 Das Buch der Urkunden
《礼记》 Das Buch der Riten
《易经》 Das Buch der Wandlungen
《春秋》 Die Frühlings- und Herbstannalen (geschichtliche Chronik)

* Diese fünf Klassiker umfassen über 207'800 Schriftzeichen und bildeten für die folgenden 2000 Jahre die wichtigste Quelle der konfuzianischen Lehren.

Meine Lehren lassen sich auf ein Konzept reduzieren, von dem alles ausgeht.
仁
Ren: Barmherzigkeit/Humanität
Um das Konzept von Ren zu verstehen, muss man mit den Grundlagen anfangen. Niemand existiert unabhängig von anderen. Alle Menschen, seien es Eltern und deren Kinder, Lehrer und deren Schüler, Ranghöhere und Rangniedrigere, sind immer Teil einer gesellschaftlichen Beziehung. Ob eine Gesellschaft gut oder schlecht funktioniert, entscheidet sich daran, wie sich die einzelnen Menschen in ihr gegenseitig behandeln. Menschen sollten einander mittels Ren auf menschliche Art behandeln.
Ren ist nicht schwer zu finden. Alle Menschen sind damit geboren, wir alle besitzen Ren von Natur aus. Um Ren im Herzen zu kultivieren, muss man nur den folgenden Leitspruch beherzigen:
Was du nicht willst, dass man dir tu‘, das füg auch keinem andern zu.

Konfuzius unterrichtete Zeit seines Lebens mehr als 3000 Schüler, und er stellte für seine Anhänger eine Lebensplanung auf.

格物
Wenn man lernt,
dann versteht man.

致知
Wenn man versteht,
dann ist man weise.

诚意
Wenn man weise ist, dann ist man gerecht.

正心
Wenn man gerecht ist,
dann reift man
(in seiner Persönlichkeit).

修身
Wenn man reif ist,
dann kann man seine Familie leiten.

齐家
Wenn man es versteht, seine Familie zu leiten,
dann kann man auch seinem Land dienen.

治国
Wenn man seinem Land dienen kann,
dann kann man die Welt zum Besseren verändern.

平天下
So kann man der Welt Frieden bringen.

Konfuzius erschuf ein Erziehungssystem, das imstande war:
- der Regierung ein Reservoir an gebildeten Kandidaten für Regierungsposten zur Verfügung zu stellen
- die gewöhnliche Bevölkerung dazu zu motivieren, sich durch Bildung zu vervollkommnen und dadurch die eigene gesellschaftliche Stellung zu verbessern

Die Wertvorstellungen des Konfuzius bildeten sich schliesslich zum Kern der Moralvorstellungen in der traditionellen chinesischen Gesellschaft heraus. Bis heute messen viele Chinesen immer noch das eigene Leben an dem Lebensentwurf, anhand dem Konfuzius seine eigene Lebensreise beschrieben hat.

Im Alter von 15 Jahren setze ich mir das Lernen zum Ziel.

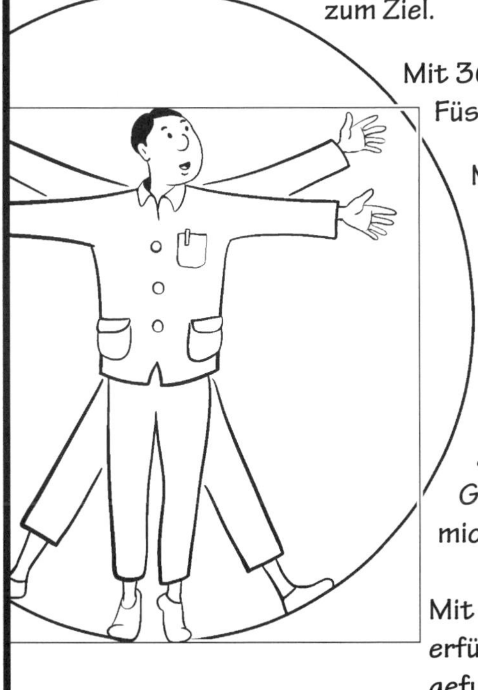

Mit 30 Jahren habe ich gelernt, auf eigenen Füssen zu stehen.

Mit 40 Jahren bin ich nicht länger verwirrt – ich bleibe gelassen, was auch immer geschieht.

Mit 50 Jahren erkenne ich meine Bestimmung.

Mit 60 Jahren bleibe ich beharrlich auf meinem Pfad und mache mir keine Gedanken mehr darüber, was andere über mich sagen.

Mit 70 Jahren habe ich meine Bestimmung erfüllt und endlich meinen inneren Frieden gefunden.

Konfuzius verbrachte seine späteren Lebensjahre damit, von Fürstenstaat zu Fürstenstaat zu reisen, um seine Ansichten über die Staatsführung zu propagieren, aber die Fürsten setzten seine Vorschläge nicht um.
Wenn wie in der heutigen Zeit die Feuer des Krieges überall in den Himmel ragen, wie hätte einer da die Zeit und Musse über konfuzianischen Fragestellungen dergleichen, wie ein Land allein mit *Ren* (Humanität) zu regieren wäre, nachzusinnen?
In der realen Welt sind Menschen egoistisch und böse. Ich ziehe den Legalismus als Staatsphilosophie vor, da er befürwortet, die Menschen mittels Bestrafungen zu kontrollieren.
Bildet jeweils aus 5 Familien eine Gruppe. Wenn eine Person in der Gruppe ein Verbrechen begeht, sollen all fünf Familien bestraft werden.

Das Überleben der Menschen und damit die Sicherstellung der Nahrungsmittelversorgung hat erste Priorität, und nicht etwa Musik, Riten, Sitten oder moralische Kultivierung.
Der Legalismus legt sein Augenmerk auf praktische Themen wie die Nahrungsmittelproduktion und militärische Stärke. Diese Angelegenheiten werden durch Gesetze geregelt. Die Gesetze müssen klar und eindeutig formuliert sein, damit den Menschen keine andere Wahl bleibt, als den Interessen des Staates zu dienen.
Im Legalismus wird der Staat gestärkt, indem das Volk schwach gehalten wird. In den heutigen Krisenzeiten grossen Wert auf Menschlichkeit zu legen, entspricht nicht den Erfordernissen der Zeit. Mit Gutmütigkeit lassen sich keine Kriege gewinnen.

Der Staat Qin im strategischen Vorteil

Die meisten Fürstenstaaten der Östlichen Zhou bedienten sich des Legalismus als Staatsphilosophie, um die Macht zu zentralisieren, Ressourcen zu konzentrieren und das Militärwesen zu stärken. Aber das im Grenzgebiet gelegene Reich Qin, das von Bergen umgeben in einer fruchtbaren Ebene lag, besass eine einzigartige strategische Vorteilsposition.

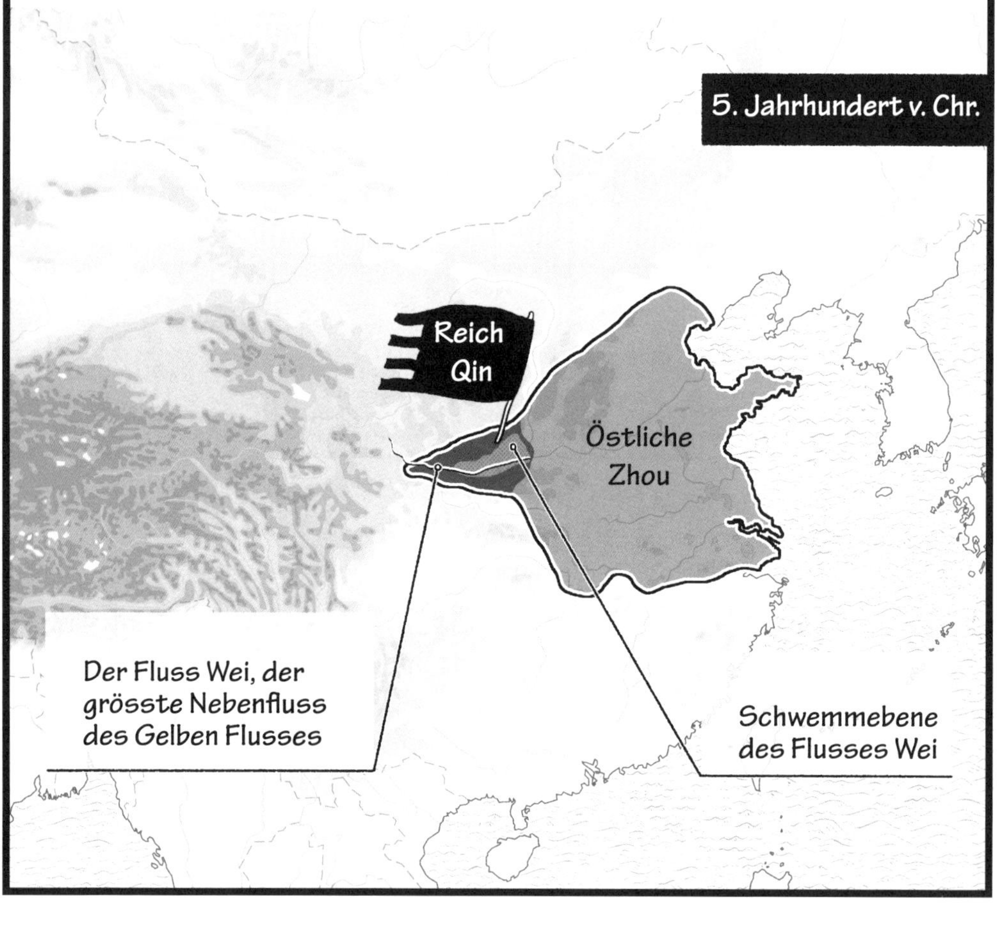

Unsere Böden eignen sich sehr für die Landwirtschaft, und unser Gebiet ist ausserdem durch seine geografische Lage leicht zu verteidigen, zugleich schwer militärisch einzunehmen.
König Zheng von Qin
(259 – 210 v. Chr.)
Andere Fürsten hielten die Qin jedoch für rückständig und schauten verächtlich auf das Reich Qin herab.
Das Reich Qin liegt fernab von der Zivilisation der Zentralchinesischen Ebene, sie haben die Barbaren der äusseren Wildnis zu ihren Nachbarn.
Das Reich Qin ist sowohl in wirtschaftlicher als auch in kultureller Hinsicht unterentwickelt.
Wir mögen euch wie Einfaltspinsel erscheinen, aber die legalistischen Reformen wurden im Reich Qin erfolgreich durchgesetzt und trafen dabei auf wenig Widerstand. Eure Reformversuche hingegen wurden stets durch zahlreiche Interessengruppen abgewürgt.

Eine neue Feldfrucht beschleunigte ausserdem den Aufstieg des Reiches Qin.
Weizen
Während der Zeit der Streitenden Reiche kam Weizen aus Westasien nach China und ersetzte allmählich Hirse als wichtigstes Getreide.
Weizen liefert uns höhere Erträge als Hirse, die wir früher angebaut haben.
Hirse
Weizen
Die Menschen verwendeten Steinmühlen, um aus den Weizenkörnern Weizenmehl zu mahlen.
Jetzt können wir aus Weizen Nudeln, *Bing* (chinesische Fladenbrote), *Jiaozi* (chinesische Teigtaschen) und *Mantou* (gedämpfte Brötchen) herstellen!
Grossartig! Es ist jetzt viel einfacher geworden, unsere Truppen mit Nahrungsmitteln zu versorgen.

Wir haben aber ein Problem.
In unserer Region gibt es für den Anbau von Weizen nicht genügend Regen. Wir brauchen mehr Wasser.

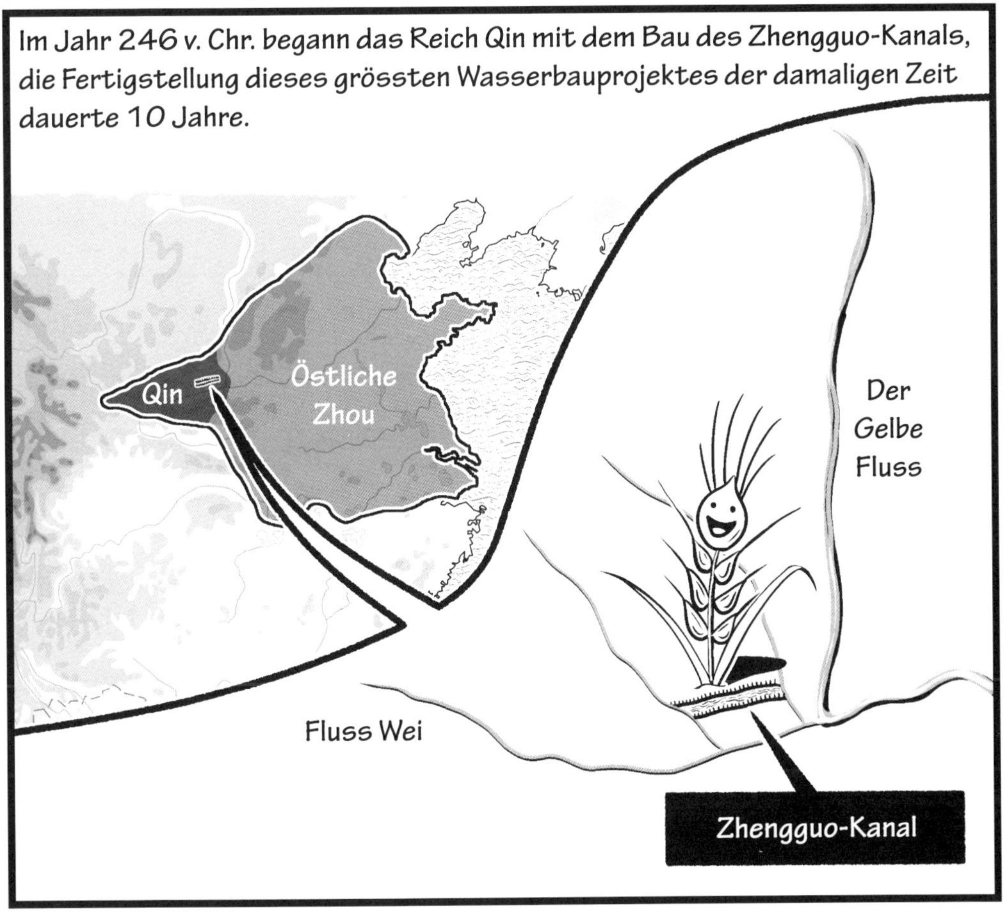
Im Jahr 246 v. Chr. begann das Reich Qin mit dem Bau des Zhengguo-Kanals, die Fertigstellung dieses grössten Wasserbauprojektes der damaligen Zeit dauerte 10 Jahre.
Qin
Östliche Zhou
Der Gelbe Fluss
Fluss Wei
Zhengguo-Kanal

Durch den Zhengguo-Kanal konnte die Weizenproduktion im Reich Qin erheblich gesteigert werden.
Unsere Ackerflächen und unsere Bevölkerung betragen jeweils 30% der gesamten Ackerflächen und der Gesamtbevölkerung aller chinesischen Staaten, aber wir erzeugen damit 60% der Nahrungsmittel und der Güter!
Das Reich Qin zieht nun Einwanderer aus benachbarten Staaten an, womit sich die Stärke des Landes nochmals vergrössert.

Die Armee des Reiches Qin umfasst eine Million Soldaten und hält damit die Vormachtstellung unter allen Staaten inne. Jetzt ist der Moment gekommen, um China zu vereinen!

Die Qin-Dynastie

(221 – 206 v. Chr.)

Nachdem der letzte König der Östlichen Zhou-Zeit 256 v. Chr. verstorben war, nahmen die Qin umgehend die Hauptstadt Luoyi ein und beendeten damit die 800 Jahre währende Zhou-Dynastie.

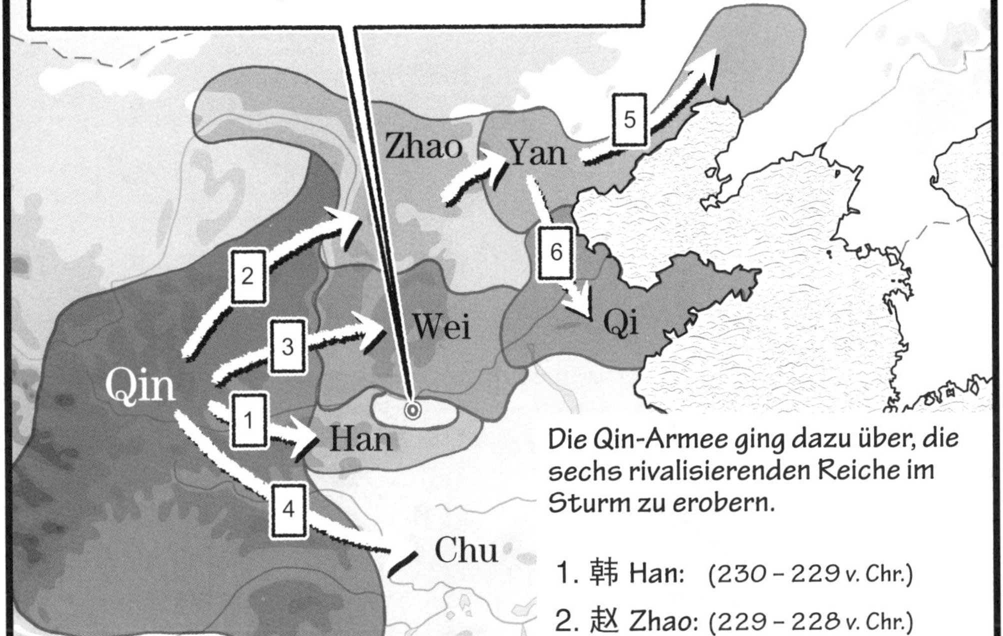

Die Qin-Armee ging dazu über, die sechs rivalisierenden Reiche im Sturm zu erobern.

1. 韩 Han: (230 – 229 v. Chr.)
2. 赵 Zhao: (229 – 228 v. Chr.)
3. 魏 Wei: (225 v. Chr.)
4. 楚 Chu: (224 – 223 v. Chr.)
5. 燕 Yan: (226 v. Chr. und 222 v. Chr.)
6. 齐 Qi: (221 v. Chr.)

Der fast ein Jahrzehnt andauernde Krieg kostete das Leben von zwei Millionen Soldaten. Am Ende errungen die Qin schliesslich den Sieg. China war damit zum ersten Mal unter einer zentralen Regierung vereint. 221 v. Chr. erklärte König Zheng von Qin sich selbst zum ersten Kaiser der Qin-Dynastie.

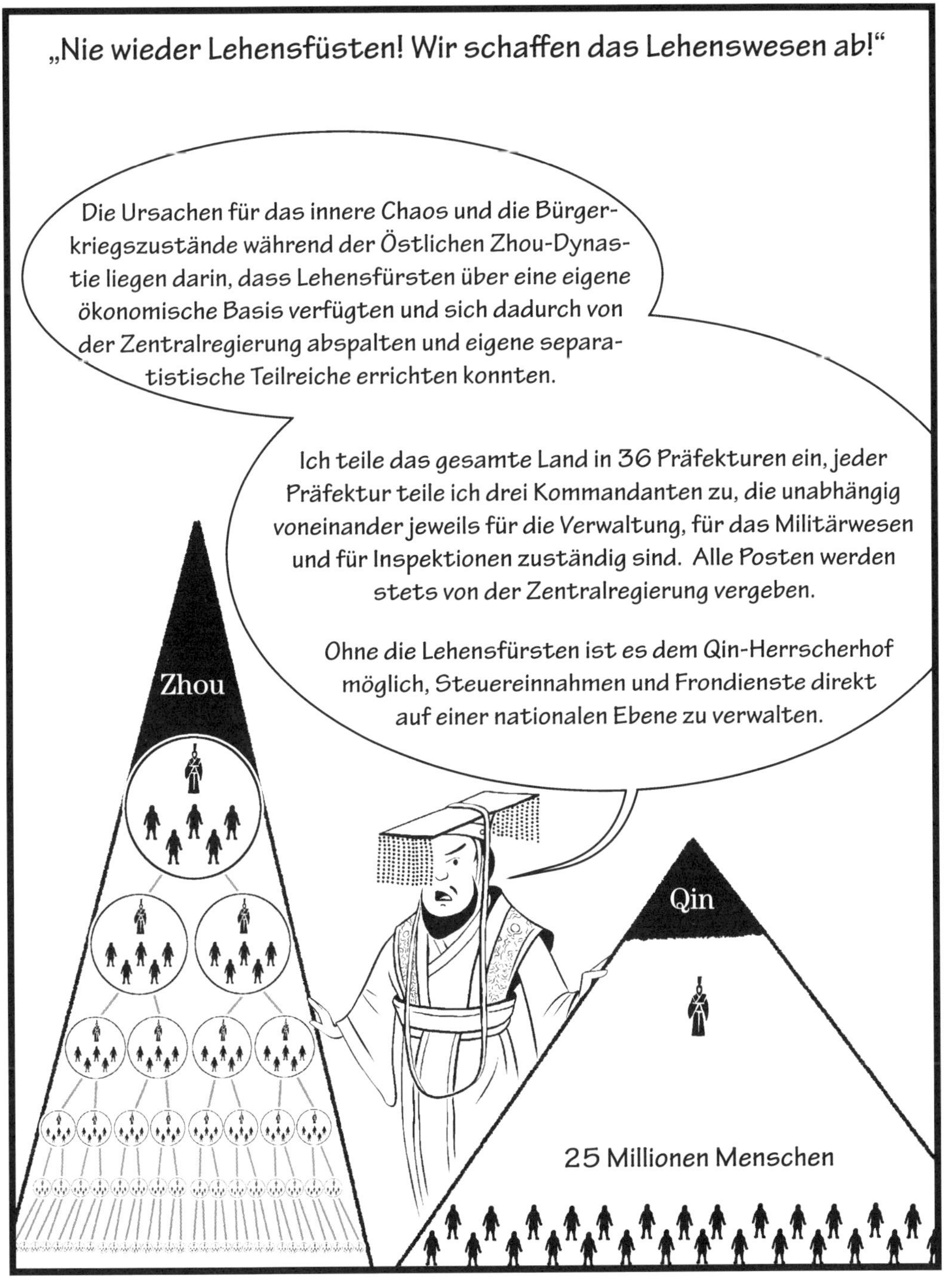
„Nie wieder Lehensfüsten! Wir schaffen das Lehenswesen ab!“
Die Ursachen für das innere Chaos und die Bürgerkriegszustände während der Östlichen Zhou-Dynastie liegen darin, dass Lehensfürsten über eine eigene ökonomische Basis verfügten und sich dadurch von der Zentralregierung abspalten und eigene separatistische Teilreiche errichten konnten.
Ich teile das gesamte Land in 36 Präfekturen ein, jeder Präfektur teile ich drei Kommandanten zu, die unabhängig voneinander jeweils für die Verwaltung, für das Militärwesen und für Inspektionen zuständig sind. Alle Posten werden stets von der Zentralregierung vergeben.
Ohne die Lehensfürsten ist es dem Qin-Herrscherhof möglich, Steuereinnahmen und Frondienste direkt auf einer nationalen Ebene zu verwalten.
Zhou
Qin
25 Millionen Menschen

Ein effizienteres Kaiserreich

Um die administrative Effizienz zu erhöhen, vereinheitlichte die Qin-Regierung das Schriftsystem, die Währung sowie die Gewichts- und Längenmasse.

Schriftsystem:

das Qin-Schriftzeichen für „Pferd“

das Schriftzeichen für „Pferd“ in der Schrift anderer Staaten aus der Zeit der Streitenden Reiche

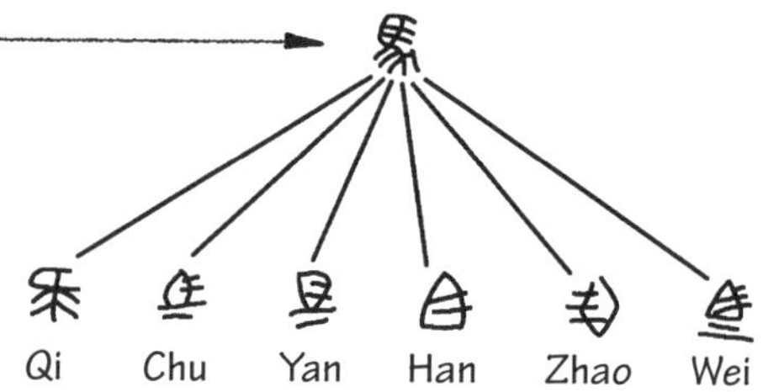

Währung:

Qin-Münzen

Münzen aus anderen Reichen zur Zeit der Streitenden Reiche

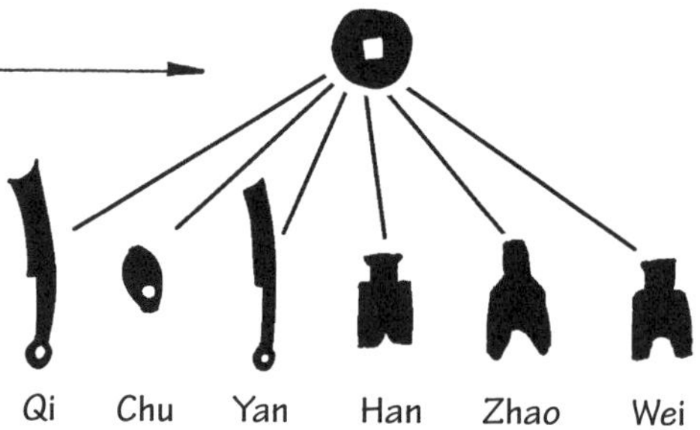

Masseinheiten:

Von nun an wurden die Gewichts- und Längenmasse nach Qin-Standard verwendet.

Auch die Denkweisen der Menschen müssen vereinheitlicht werden. Wenn jeder Mensch gegenüber dem Staat eine eigene Meinung vertritt, wie sollen wir dann eine nationale Politik durchsetzen?
Und wenn jeder andere Ansichten darüber hat, wie das Land regiert werden sollte, wem kann ich dann die Ausführung meiner politischen Programme anvertrauen?
Von nun an muss an allen Schulen ein staatlicher Lehrplan unterrichtet werden, und alle Lehrer müssen Beamte der Qin-Regierung sein.
Alle Schriften, die sich mit anderem als Legalismus oder praktischen Themen befassen, müssen verbrannt werden.
Jeder, der es wagt, dem Legalismus öffentlich zu widersprechen, wird zusammen mit seinen Familienangehörigen exekutiert.

Gigantische Bauprojekte

Unter Anwendung strenger Gesetze und unter Androhung drakonischer Strafen gelang der Qin-Regierung die Realisierung zahlreicher gigantischer Bauvorhaben.

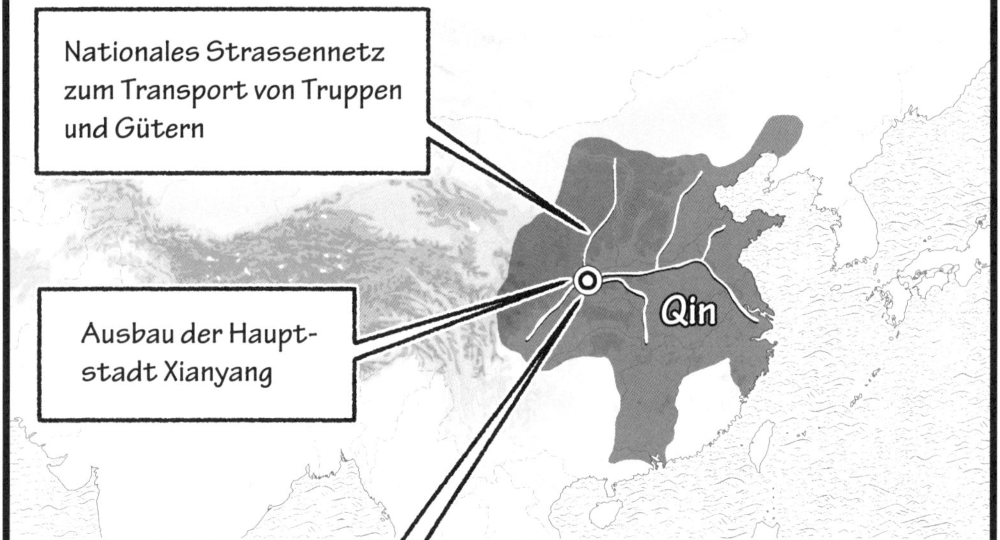

Ein durch eine Armee aus Terrakotta-Figuren bewachtes, unterirdisches kaiserliches Mausoleum

Bislang wurden mehr als 8000 Exemplare der als Grabbeigabe dienenden Soldaten- und Pferdefiguren ausgegraben. Die Soldatenfiguren besitzen lebensechte Grössen von Menschen und weisen individuelle, einzigartige Gesichtszüge und Haarschnitte auf.

Die Bedrohung durch die Xiongnu und die Chinesische Mauer

Die meisten Kopfschmerzen bereiteten den Qin die Verteidigung ihrer Grenzen gegen eine Bedrohung aus dem Norden – die Stämme der Xiongnu.
Die frühen Xiongnu-Stämme siedelten verstreut an den oberen Flussläufen des Gelben Flusses. Manche Historiker glauben, dass die Xiongnu die Vorfahren der späteren Turkvölker sind.

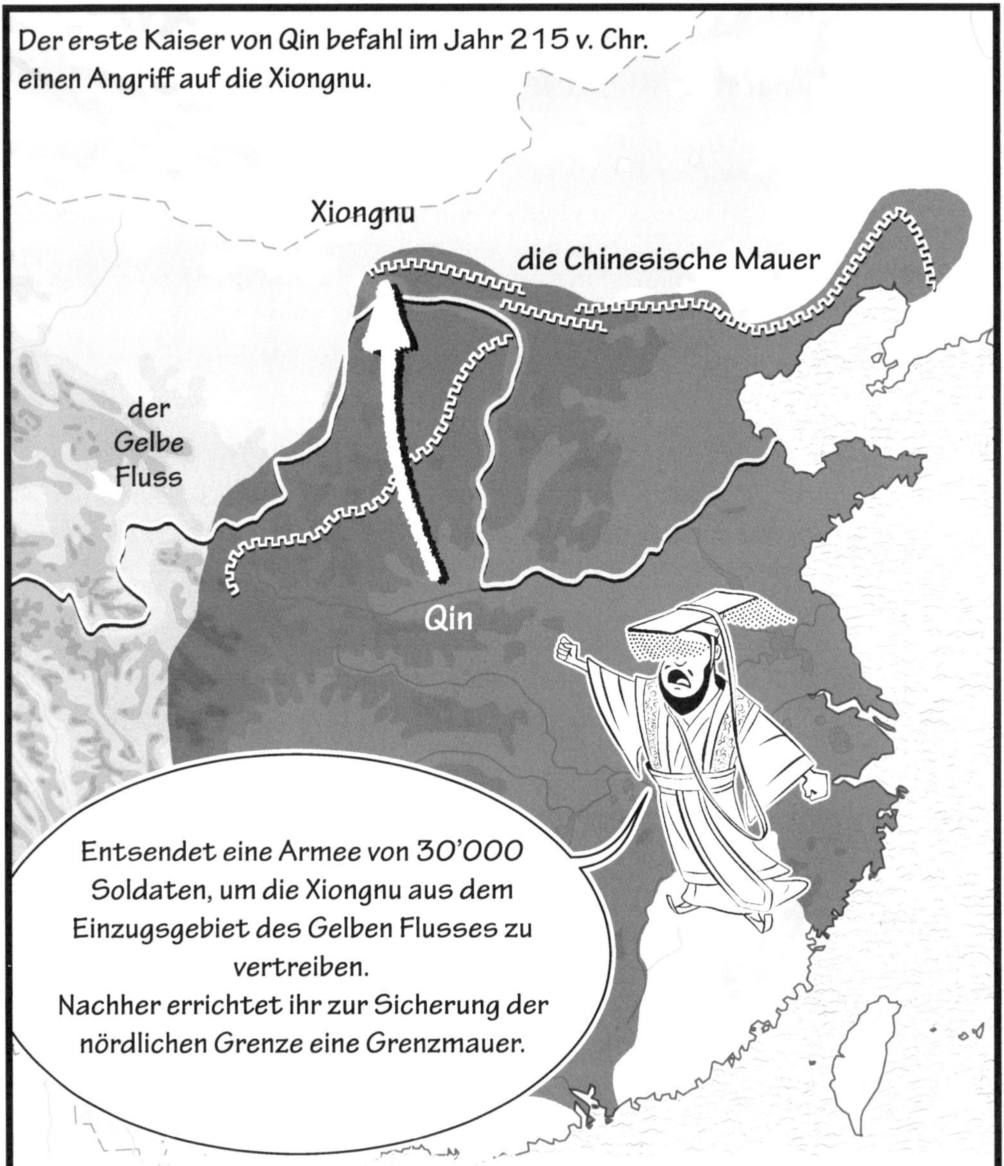

Von nun an würden viele chinesische Dynastien Abschnitte von Verteidigungsmauern neu aufbauen oder renovieren. Dieses Verteidigungsmauerwerk würde später von der Nachwelt in seiner Gesamtheit als die *Lange Chinesische Mauer* bezeichnet werden.

Unter dem Eindruck der Bedrohung durch die mächtigen Qin und ihrer Verteidigungsmauern bildeten die Xiongnu-Stämme der Steppe eine grosse Stammesallianz.
Wir müssen zusammenhalten und zurückschlagen, oder wir werden in der Wildnis ausserhalb der Chinesischen Mauer verhungern.
Die enormen Kosten für die Abwehr der ständig steigenden Anzahl an Xiongnu-Einfällen erschöpfen die finanziellen Ressourcen der Qin.

„Es ist Selbstmord, gegen das ganze Kaiserreich kämpfen zu wollen!“

Bevor eine Lösung des Xiongnu-Problems gefunden werden konnte, verstarb der Erste Kaiser unerwartet im Jahr 210 v. Chr.

Der Herrscherhof stürzte sofort ins Chaos. Im nächsten Jahr brachen Volksaufstände aus.

Der Erste Kaiser war erst drei Jahre verstorben, als das vormals mächtige Qin-Kaiserreich unterging.

Im Jahr 209 v. Chr. brachen sie dem Einzugsbefehl folgend an die Front auf, um gegen die Xiongnu zu kämpfen. Doch ein Sturm hielt sie auf.
Yuyang (das heutige Beijing)
Qin
Wir haben noch 800 Kilometer vor uns.
Hört mir gut zu. Ich bin euer Anführer. Mein Name ist Chen Sheng.
Gemäss Qin-Gesetzgebung wird zu spätes Eintreffen mit dem Tode bestraft. Wer nicht sterben will, der schliesse sich mir an, um gemeinsam gegen die Qin zu rebellieren!

Wir haben nur 900 Mann. Gegen die Qin zu kämpfen ist Selbstmord!
Wir befinden uns gerade in ehemaligem Chu-Territorium. Ich ernenne mich selbst zum König von Chu und gebe vor, das Chu-Reich wiederherstellen zu wollen, dann werden die Einheimischen sich uns sicherlich anschliessen.

Tatsächlich fand sein Aufruf bei vielen Anklang und viele schlossen sich seiner Sache an.
Ich bin der Enkel eines berühmten Generals des ehemaligen Reiches Chu.
Ich bin ein Patrouillenoffizier, der sich weder mit dem Lernen noch mit einem Dasein als Bauer anfreunden kann.
Xiang Yu (232 – 202 v. Chr.)
Liu Bang (256 – 195 v. Chr.)

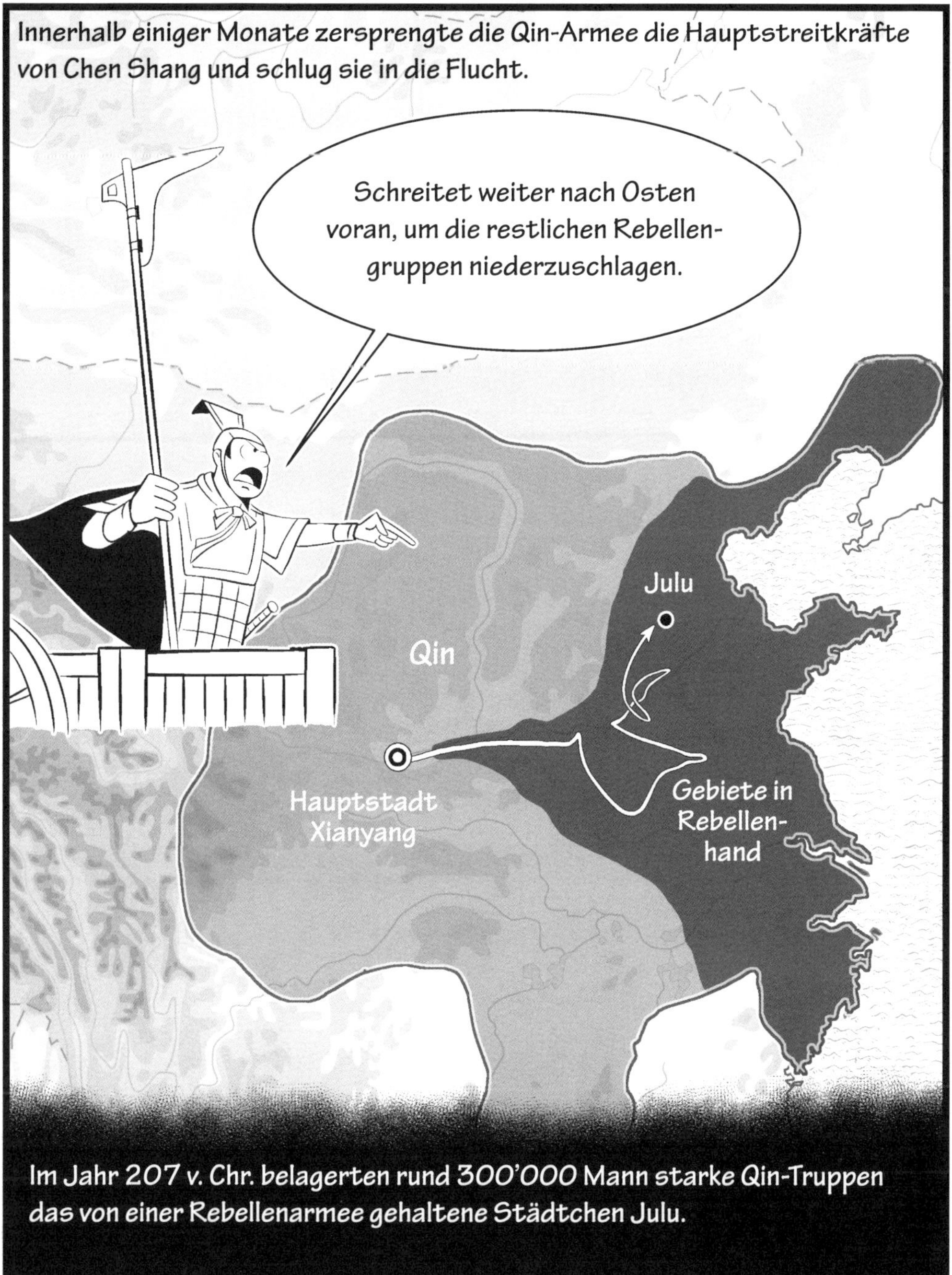
Innerhalb einiger Monate zersprengte die Qin-Armee die Hauptstreitkräfte von Chen Shang und schlug sie in die Flucht.
Schreitet weiter nach Osten voran, um die restlichen Rebellengruppen niederzuschlagen.
Julu
Qin
Hauptstadt Xianyang
Gebiete in Rebellenhand
Im Jahr 207 v. Chr. belagerten rund 300'000 Mann starke Qin-Truppen das von einer Rebellenarmee gehaltene Städtchen Julu.

Doch die zum Durchbrechen der Belagerung abgestellten Verstärkungstruppen der Rebellen weigerten sich, sich dem Feind entgegenzustellen. Nur Xiang Yu, ein damals gerade 25 Jahre alter General, wagte es, seine 30'000 Mann starke Truppe in die Schlacht gegen die Qin-Armee zu führen.
Jedem Soldaten wird nur eine Verpflegungsration für drei Tage ausgegeben. Anschliessend zerschlagen wir alle Kochtöpfe und versenken alle Boote. Dann gibt es kein Zurück mehr.
Wir werden entweder siegen oder sterben.
Während seine Verbündeten anderer Rebellengruppen tatenlos dabei zusahen, führte Xiang Yu seine Männer in neun Schlachten gegen die zahlenmässig haushoch überlegene Qin-Armee.

Die Qin-Armee erlitt schwere Verluste.
Es gibt keine Hoffnung auf Verstärkungstruppen und der Qin-Hof wird diese militärischen Misserfolge uns anlasten.
Ergeben wir uns einfach gegenüber Xiang Yu.
Während Xiang Yu und die Hauptstreitkräfte der Qin in heftige Kämpfe verwickelt waren, führte Liu Bang seine Soldaten zur Qin-Hauptstadt Xianyang.
206 v. Chr. kapitulierte der letzte Qin-Kaiser vor Liu Bang, damit war die kurzlebige Qin-Dynastie beendet.

Liu Bang versus Xiang Yu

Die Sieger teilten das Territorium des ehemaligen Qin-Kaiserreiches in 18 Fürstenstaaten auf. Doch die Vereinbarung zerbrach bald, als Xiang Yu und Liu Bang dazu übergingen, miteinander um die Herrschaft über ganz China zu wetteifern.

Beide Seiten unterbreiteten potenziellen Verbündeten grosszügige Angebote. Das Blatt wendete sich allmählich zugunsten von Liu Bang.
202 v. Chr. holte er zum Endschlag gegen Xiang Yu aus.

Nachdem er die Schlacht verloren hatte, beging Xiang Yu Selbstmord.

Im gleichen Jahr erklärte Liu Bang sich zum Kaiser der neuen Han-Dynastie.

Die Han-Dynastie

(202 v. Chr. – 220 n. Chr.)

Konsolidierung der Regierungsmacht

Die erste Hälfte der Han-Dynastie (202 v. Chr. – 8 n. Chr.) wird als Westliche Han bezeichnet.
Zur Zeit der Staatsgründung durch die Westliche Han-Dynastie befand sich das ganze Land nach wie vor in einer instabilen Lage voll lauernder Krisen.

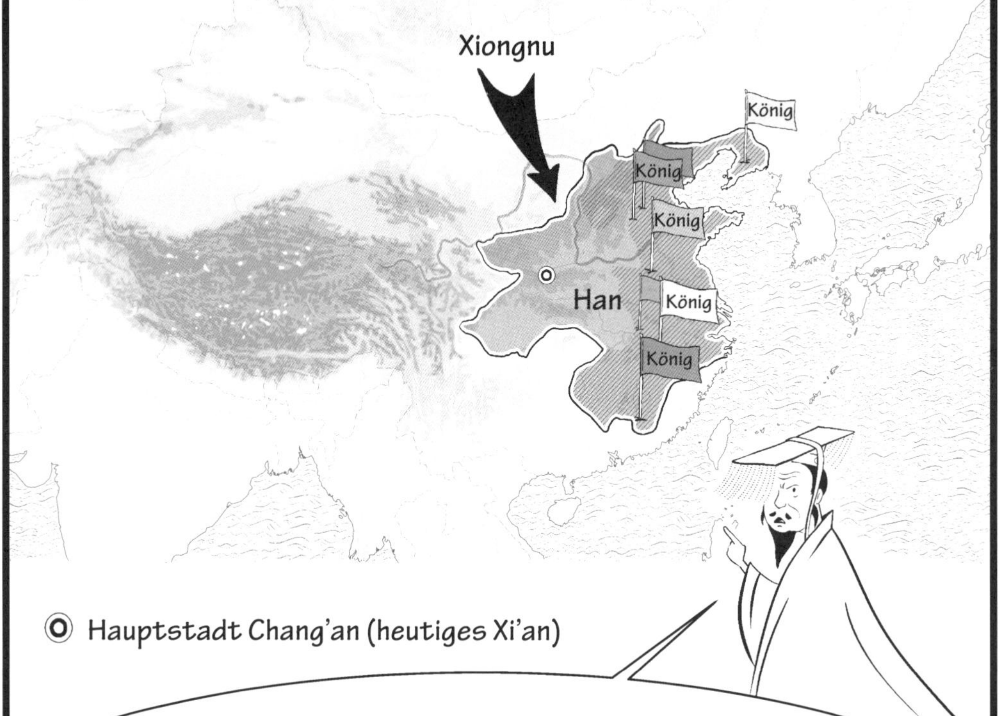

◎ Hauptstadt Chang'an (heutiges Xi'an)

Als gegen Ende der Qin-Dynastie das Land im Chaos versank, packten die Xiongnu die Gelegenheit beim Schopfe, um in das Einzugsgebiet des Gelben Flusses einzudringen. Nun bedrohen sie unsere nördliche Grenze.

Im Landesinneren habe ich sieben Verbündete zu regionalen Königen ernannt, sie verfügen über zwei Drittel des Territoriums der Han-Dynastie, aber sie zeigen mir, ihrem Kaiser, gegenüber nur halbherzige Loyalität.

Nachdem ich gerade nur ein klein wenig meinen Unmut gegenüber den Königen geäussert habe, muss ich entdecken, dass es einen unter ihnen gibt, der mit den Xiongnu paktiert, um in einer geheimen Verschwörung eine Invasion auf die Han zu starten!
Ich führe nun eine 320'000 Soldaten starke Offensive an, die zum Ziel hat, sowohl diesen Verräter als auch die barbarischen Xiongnu zu bestrafen!

200 v. Chr. erlitt die Han-Armee eine schwere Niederlage.
Die Kavallerie der Xiongnu verfügt über 100'000 Kämpfer zu Pferde, unser Herr besitzt hingegen nur 3000 Pferde.
Uns bleibt nichts anderes übrig, als zu versuchen, die Xiongnu zu besänftigen. Zur Bildung von Heiratsallianzen sollen Han-Prinzessinnen mit Xiongnu-Anführern in Gebiete nördlich der Chinesischen Mauer verheiratet werden. Ausserdem sollen den Xiongnu jedes Jahr Tributgeschenke in Form von Seide, Getreide und Wein dargebracht werden.

Liu Bang verbrachte den Rest seines Lebens damit, gegen seine früheren Verbündeten zu kämpfen. Er wurde in einer Schlacht gegen den letzten verbliebenen Rebellenkönig verwundet und verstarb an den Folgen der Verletzung im darauffolgenden Jahr 195 v. Chr.
Nachdem mein Gatte gestorben war, amtierte ich als Regentin für drei minderjährige Kaiser.
Liu Bangs Gattin, Kaiserin Lü Zhi (241 – 180 v. Chr.), erbte die Herrschermacht ihres Gatten.
Während der Lü-Klan den Kaiserhof kontrollierte, dominierten Mitglieder der Liu-Familie regionale Fürstentümer mit ihren eigenen Armeen.
Beide Parteien standen sich in Erwartung einer baldigen Konfrontation angespannt gegenüber.

Nachdem Kaiserin Lü gestorben war, taten sich Hofbeamte mit regionalen Fürsten zusammen, um sämtliche Mitglieder des Lü-Klans niederzumetzeln.
Dieser von Kaiserin Lü eingesetzte junge Kaiser muss ebenfalls beseitigt werden.
Wir brauchen einen Kandidaten, der fügsam ist und keine mächtigen Beziehungen besitzt.
Im Jahr 180 v. Chr. setzten sie den Han-Kaiser Wen (202 – 157 v. Chr.) auf den Thron.

Wirtschaftliche Erholung

Trotz aller Palastintrigen war eine wirtschaftliche und gesellschaftliche Erholung im Gange.

Expansion unter Kaiser Wu

Nach der Jahrzehnte andauernden Erholung unter den amtierenden Kaisern Wen und Jing glaubte Kaiser Wu von Han, der Zeitpunkt sei bereits gekommen, um die kaiserlichen Machtbefugnisse auszubauen und eine territoriale Expansion vorzunehmen.

Kaiser Wu von Han (156 – 87 v. Chr.)

In friedlichen Zeiten wie den unsrigen ist der Konfuziuanismus die naheliegendere Wahl für eine Staatsideologie. Er eignet sich sehr für ein bürokratisches System.
Ausserdem haben viele Angehörige der herrschenden Eliten den Konfuzianismus bereits angenommen, um sich durch konfuzianische Musik, Zeremonien und Etikette von dem gemeinen Volk abzuheben.

Kaiser Wu konsultierte einen imperialen Gelehrten darüber, wie der Konfuzianismus an die Bedürfnisse des Staates der Westlichen Han adaptiert werden könnte.
Dong Zhongshu
(179 – 104 v. Chr.)

Die Qin-Regierung erlaubte einzig den Legalismus, aber die Han-Regierung sollte es unterschiedlichen Lehren erlauben, nebeneinander zu existieren.
Wer jedoch einen Posten in der Regierung antreten möchte, der muss sich den Studien des Konfuzianismus widmen.
Der Hof wird eine Auswahl aus den herausragendsten Studenten zu Beamten bestimmen.
Der Konfuzianismus lässt sich dafür einsetzen, vertrauenswürdiges und qualifiziertes Personal für die Besetzung von Regierungsposten heranzubilden.

Die Grossmutter des Kaisers Wu hielt ihren Enkel stets an der Kandare.
Ich habe deinem Grossvater und deinem Vater geholfen, Wohlstand und Prosperität über das Reich zu bringen. Wir vertreten die Auffassung, dass in der Hierarchie die unten umso mehr zustande bringen, je weniger die oben intervenieren.
Kaiserwitwe und Kaiser(gross)mutter You (? – 135 v. Chr.)
Kaiser Wu und seine Beamten trieben dennoch auch ohne das Einverständnis der mächtigen Grossmutter konfuzianische Reformen voran.
Schafft diese konfuzianischen Tagträumer fort vom Kaiser!
139 v. Chr. brachte sie Korruptionsvorwürfe gegen die Schlüsselfiguren der konfuzianischen Reformbewegung vor und zwang diese zum Selbstmord.
Du hast grosse Ideen und verfolgst hochfliegende Pläne, aber dir ist es nicht einmal gelungen, einen Nachkommen zu zeugen. Schon aus diesem Grund allein sollte ich mich deiner entledigen.

Die inneren Zirkel des Kaisers

Die ältere Schwester des Kaisers Wu, Prinzessin Pinyang, sorgte sich sehr um ihren Bruder. Eines Tages lud sie ihn zu sich in ihre Gemächer ein.

Wei Zifu wurde nach einem Jahr schwanger.
Du hast mich gerettet! Meine Grossmutter kann mich nun nicht länger unter Druck setzen, weil ich keine Nachkommen habe.
Die Familie Wei wurde infolgedessen in die inneren Zirkel des Kaisers aufgenommen.
Ihr jungen Leute habt viel flinkere Köpfe als diese alten, verknöchternen Konservativen. Ich arbeite viel lieber mit euch zusammen als mit diesen Ewiggestrigen.
Daraufhin schuf Kaiser Wu eine geheime Regierung innerhalb der Regierung, wodurch er seine Opponenten innerhalb der Regierung umgehen und an ihnen vorbeiregieren konnte.

Nachdem die Kaiserwitwe You im Jahr 135 v. Chr. verstorben war, setzte Kaiser Wu seine ambitionierten Pläne in die Tat um.
Zuerst muss ich die von meinen Vorgängern angehäuften Ersparnisse dazu verwenden, eine starke Armee aufzubauen und zu unterhalten, um damit meine kaiserliche Autorität gegen jede Opposition sicherzustellen.
Zu Beginn der Han-Dynastie: 320'000 Soldaten und 3000 Pferde
Während der Regierungszeit des Kaisers Wu von Han: 600'000 Soldaten und 600'000 Pferde

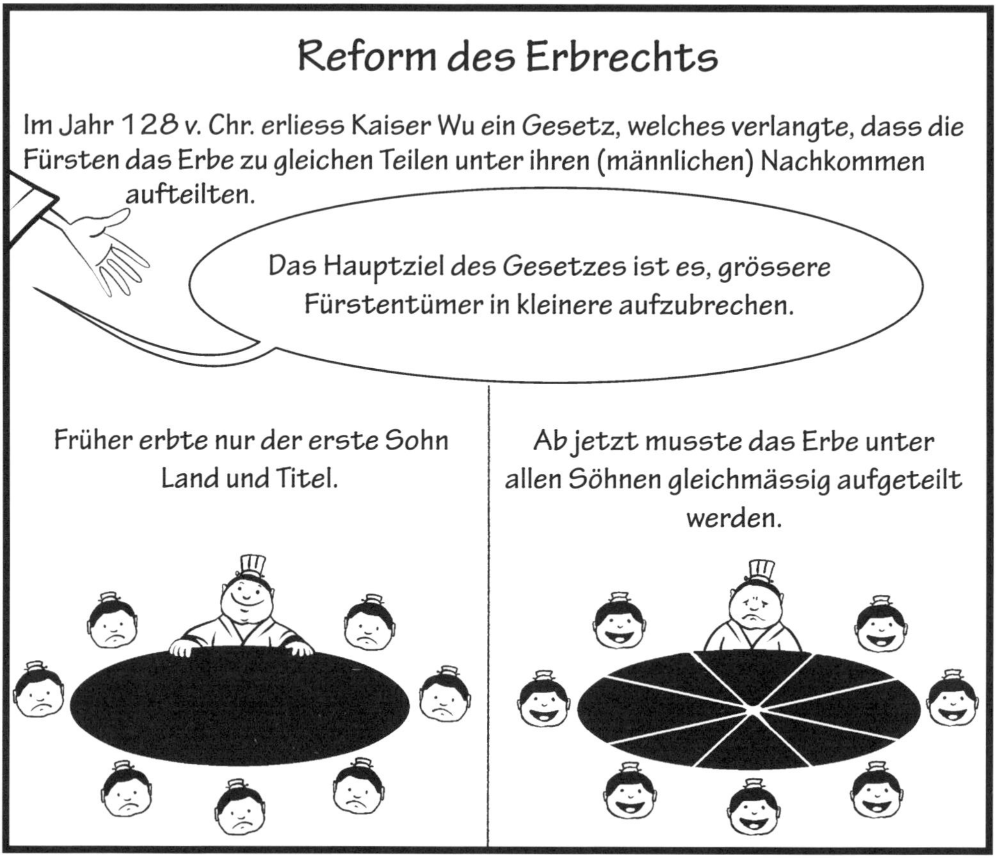
Reform des Erbrechts
Im Jahr 128 v. Chr. erliess Kaiser Wu ein Gesetz, welches verlangte, dass die Fürsten das Erbe zu gleichen Teilen unter ihren (männlichen) Nachkommen aufteilten.
Das Hauptziel des Gesetzes ist es, grössere Fürstentümer in kleinere aufzubrechen.
Früher erbte nur der erste Sohn Land und Titel.
Ab jetzt musste das Erbe unter allen Söhnen gleichmässig aufgeteilt werden.

Das Gesetz spaltete regionale Fürstentümer in immer kleinere Stücke. Nach einigen Generationen hatten die regionalen Fürsten ihre Macht so weit verloren, dass sie den Kaiserhof nicht mehr herausfordern konnten.

Offensive gegen den Norden

Nachdem er seine Macht konsolidiert hatte, wandte Kaiser Wu von Han seine Aufmerksamkeit den Grenzen zu, insbesondere den nördlichen Grenzen.

Während der 54 Jahre andauernden Amtszeit des Kaisers Wu kam es zu 11 grossen Schlachten zwischen den Han-Armeen und den Xiongnu.

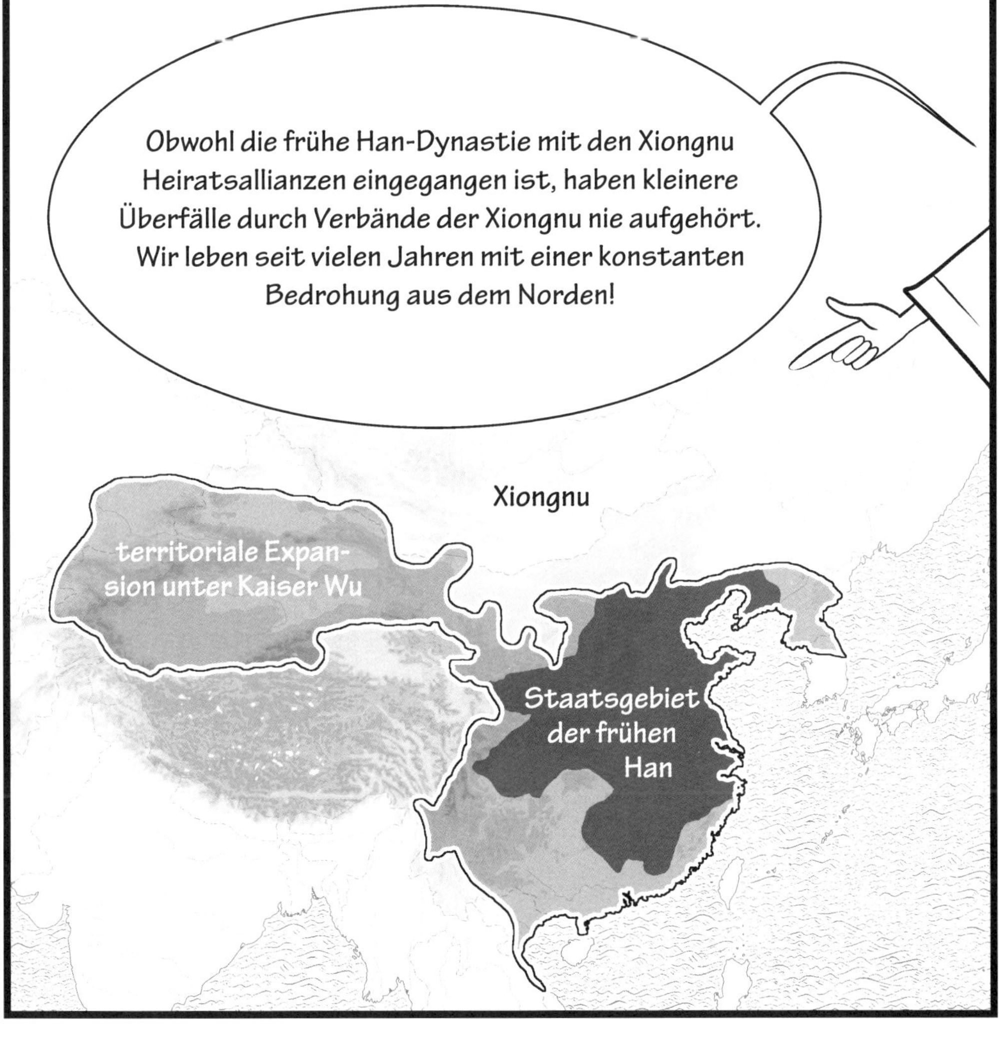

Zhang Qian und die Seidenstrasse
Die Kriege sind extrem brutal. Bei einem Feldzug im Jahr 119 v. Chr. löschte die Han-Armee 90'000 Soldaten der Xiongnu aus, aber die Verluste unseres Heeres hielten sich mit den Verlusten der Xiongnu die Waage, und wir verloren überdies noch 100'000 Pferde. Wir brauchen mehr Nachschub, vor allem Pferde.
Chinas Ackerland eignet sich nicht für die Aufzucht von Pferden. Wir haben keine andere Wahl, als die Pferde von Viehzüchtern in Zentralasien zu kaufen.
Wie sollen wir uns das leisten können?
Seide! Wir können unsere Seide gegen Pferde eintauschen.
Zhang Qian
(circa 114. v. Chr.)

Auf Zhang Qians Vorschlag hin nahm die Westliche Han-Regierung zu etlichen zentralasiatischen Staaten diplomatische Beziehungen auf und baute diplomatische Aussenposten in Zentralasien auf, um den Handel von Seide gegen Pferde voranzutreiben.
Ein Teil der Seide gelangte, nachdem sie durch viele Zwischenhändler weitergereicht worden war, schliesslich ins 6500 Kilometer entfernte Römische Reich. Diese Handelsnetze würde man später als Seidenstrasse bezeichnen.

Li Ling im Kampf gegen die Xiongnu
Neue Pferde gelangten über die Seidenstrasse nach China, aber nicht in genügender Zahl, um die Xiongnu besiegen zu können.
Wer braucht schon Pferde? Ich kann die Xiongnu mit meiner Infanterie zerschlagen!
Li Ling (circa 74 v. Chr.) war in eine Familie berühmter Generäle hineingeboren worden.
Im Jahr 99 v. Chr. führte Li Ling eine 5000 Mann starke Infanterietruppe tief in feindliches Territorium.
Sie stiessen auf eine 30'000 Mann starke Kavallerietruppe der Xiongnu ...
... und auf 80'000 Mann starke feindliche Hauptstreitkräfte.

Die Han-Truppen leisteten eine Woche lang erbitterten Widerstand.
Als Pfeile und Proviant ausgegangen waren, ordnete Li Ling einen mitternächtlichen Rückzug an.
Die Kavallerie der Xiongnu jagte der fliehenden Infanterie der Han hinterher.
Als Li Ling einsah, dass es keine Hoffnung auf Entkommen mehr gab, ergab er sich.
Von seinen 5000 Soldaten schafften nur 400 die Flucht zurück in das Territorium der Westlichen Han.

Der Vater der chinesischen Geschichtsschreibung
Kaiser Wu und seine Beamten verurteilten Li Ling für seine Niederlage.
Verräter!
Ich bin anderer Ansicht.
Sima Qian, offizieller Chronist des Kaiserhofes
Li Ling hat dem Feind schwere Verluste zugefügt. Seine Armee hat verloren, weil er dem Feind zahlenmässig hoffnungslos unterlegen war.
Wie kannst du es wagen, einen Verräter in Schutz zu nehmen!
Ich verurteile ihn zum Tode.

Zur damaligen Zeit konnte eine Todesstrafe abgewendet werden, wenn der Angeklagte eine Geldstrafe zahlte oder sich der Kastration unterzog.
Ich habe nicht genügend Geld ….
Kastriert ihn und werft ihn ins Gefängnis.
Nach drei langen Jahren wurde Sima Qian freigelassen und trat eine Stelle als Palasteunuch an. In seiner Freizeit schrieb er an einem Werk mit dem Titel *Aufzeichnungen des Historikers* (*Shiji*).
Im *Shiji* wurde die 2000 Jahre umfassende Spanne chinesischer Geschichte vom Gelben Kaiser bis zum Kaiser Wu von Han niedergeschrieben und das Werk diente späteren Generationen als Musterbeispiel eines Geschichtswerkes.
史記序
太史公之紀事與左
學之原委也左氏則
褒貶司馬氏則撥事
貶亦見矣故史記自
年世綿速傳聞異辭

Ein Land am Ende seiner Kräfte

In seinen *Aufzeichnungen des Historikers* (*Shiji*) beschrieb Sima Qian detailliert die gewaltigen Kosten, die mit Kaiser Wus Feldzügen in Verbindung standen:

- Die Nachschubrouten sind zu lange, nur 1/64 des an die Front zum Unterhalt der Truppen entsendeten Proviants erreicht auch den Bestimmungsort.
- Im Jahre 127 v. Chr. hat die Westliche Han damit begonnen, die bestehende Chinesische Mauser aus der Qin-Dynastie um eine Länge von 10'000 Kilometern zu verlängern. Die Chinesische Mauer der Han-Dynastie ist damit der längste Mauerabschnitt, der jemals von einer Dynastie errichtet wurde.
- Während in weiter Ferne Feldzüge gegen die Xiongnu geführt werden, haben die Han-Armeen zur territorialen Expansion gleichzeitig Offensiven in alle Himmelsrichtungen gestartet.

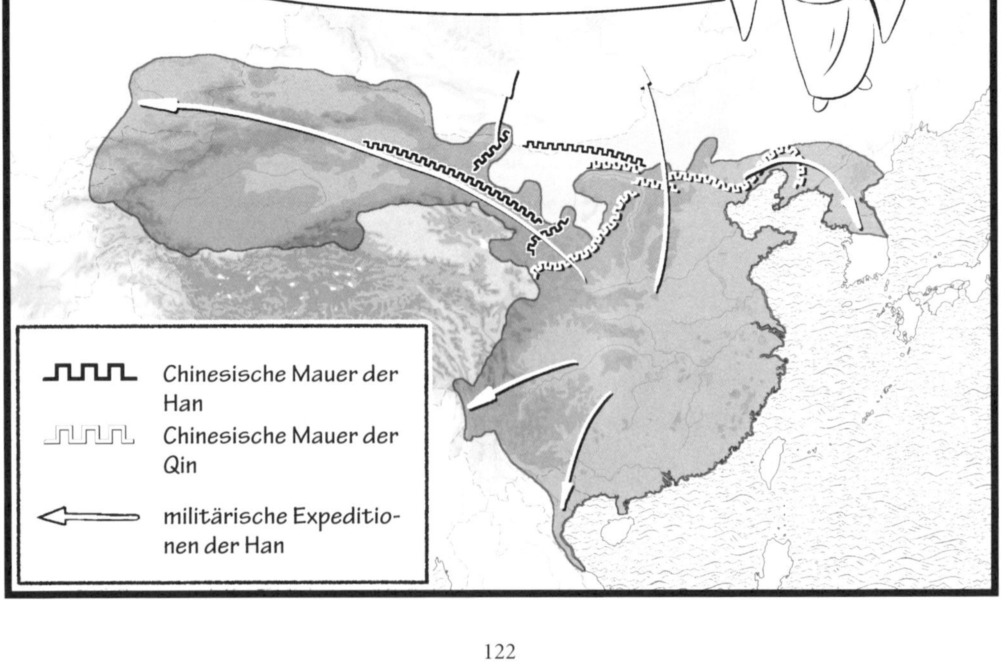

Kaiser Wu brauchte mehr Geld, um seine Projekte und Kriege finanzieren zu können.
Wir besteuern die Bauern bereits zu hart. Lasst uns auf reiche Geschäftsleute abzielen, indem wir eine Steuer auf ihre Vermögenswerte erheben.
Wir finden immer einen Weg, um eure Steuern zu umgehen.

Wer die Steuer hinterzieht, dem wird sein gesamtes Vermögen beschlagnahmt.
Wer Steuerhinterzieher anzeigt, der erhält als Belohnung die Hälfte des beschlagnahmten Vermögens.
Während der Kampagne zur Denunziation von Steuerhinterziehung zwischen 114 bis 110 v. Chr. gingen die meisten sich in Privatbesitz befindenden Unternehmen und Wirtschaftszweige Bankrott.
Gleichzeitig monopolisierte der Staat den Handel mit wichtigen Gütern und Rohstoffen wie Getreide, Salz, Alkohol und Eisen.

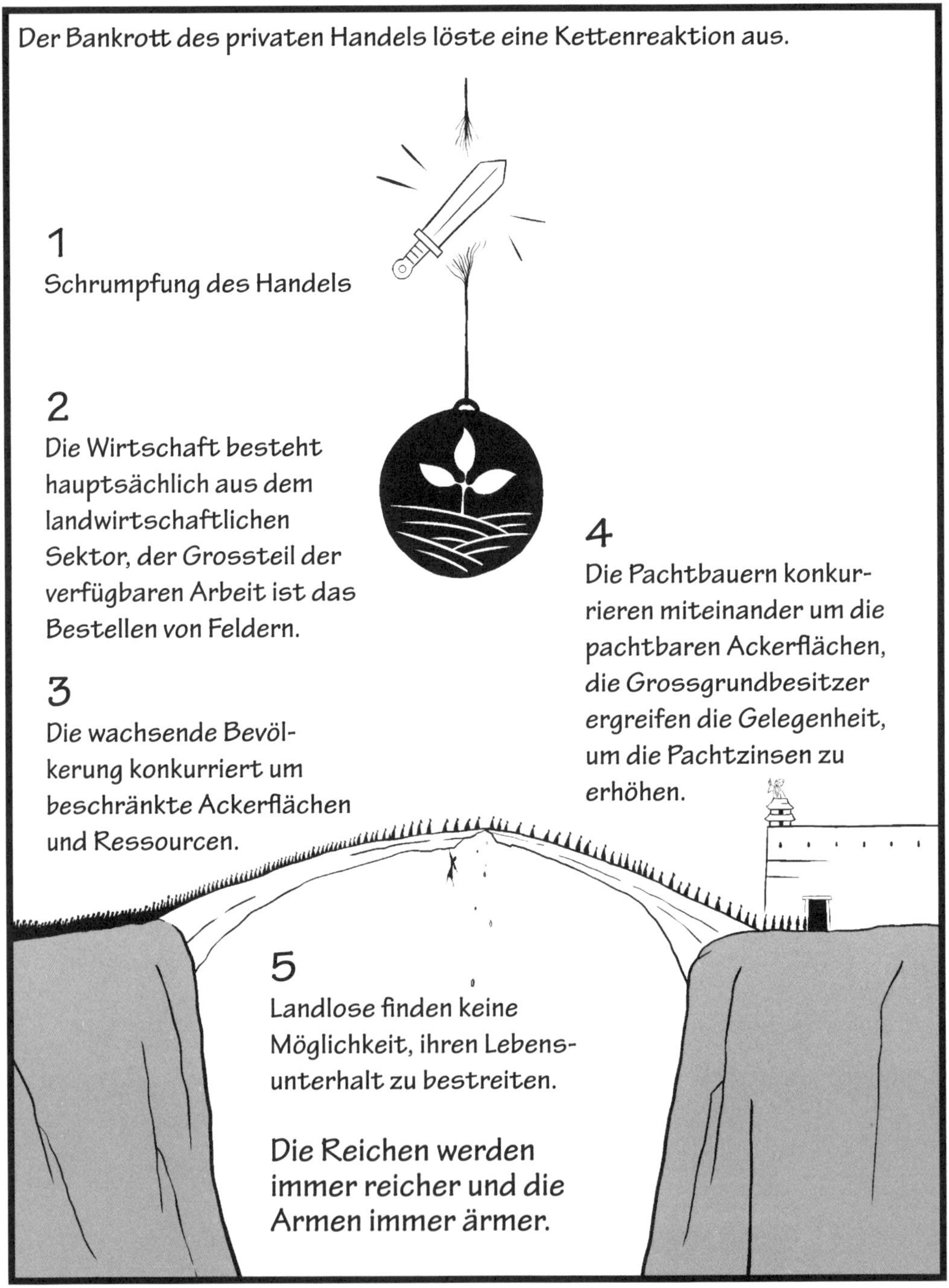

Der Bankrott des privaten Handels löste eine Kettenreaktion aus.
1
Schrumpfung des Handels
2
Die Wirtschaft besteht hauptsächlich aus dem landwirtschaftlichen Sektor, der Grossteil der verfügbaren Arbeit ist das Bestellen von Feldern.
3
Die wachsende Bevölkerung konkurriert um beschränkte Ackerflächen und Ressourcen.
4
Die Pachtbauern konkurrieren miteinander um die pachtbaren Ackerflächen, die Grossgrundbesitzer ergreifen die Gelegenheit, um die Pachtzinsen zu erhöhen.
5
Landlose finden keine Möglichkeit, ihren Lebensunterhalt zu bestreiten.
Die Reichen werden immer reicher und die Armen immer ärmer.

In seinen späten Lebensjahren erkannte Kaiser Wu von Han die von ihm begangenen Fehler.
Während meiner Herrschaft habe ich oftmals leichtfertig, wild und irrational gehandelt. Ich habe meinem Land geschadet und über die Bevölkerung Leid gebracht. Aber meine Reue kommt zu spät.

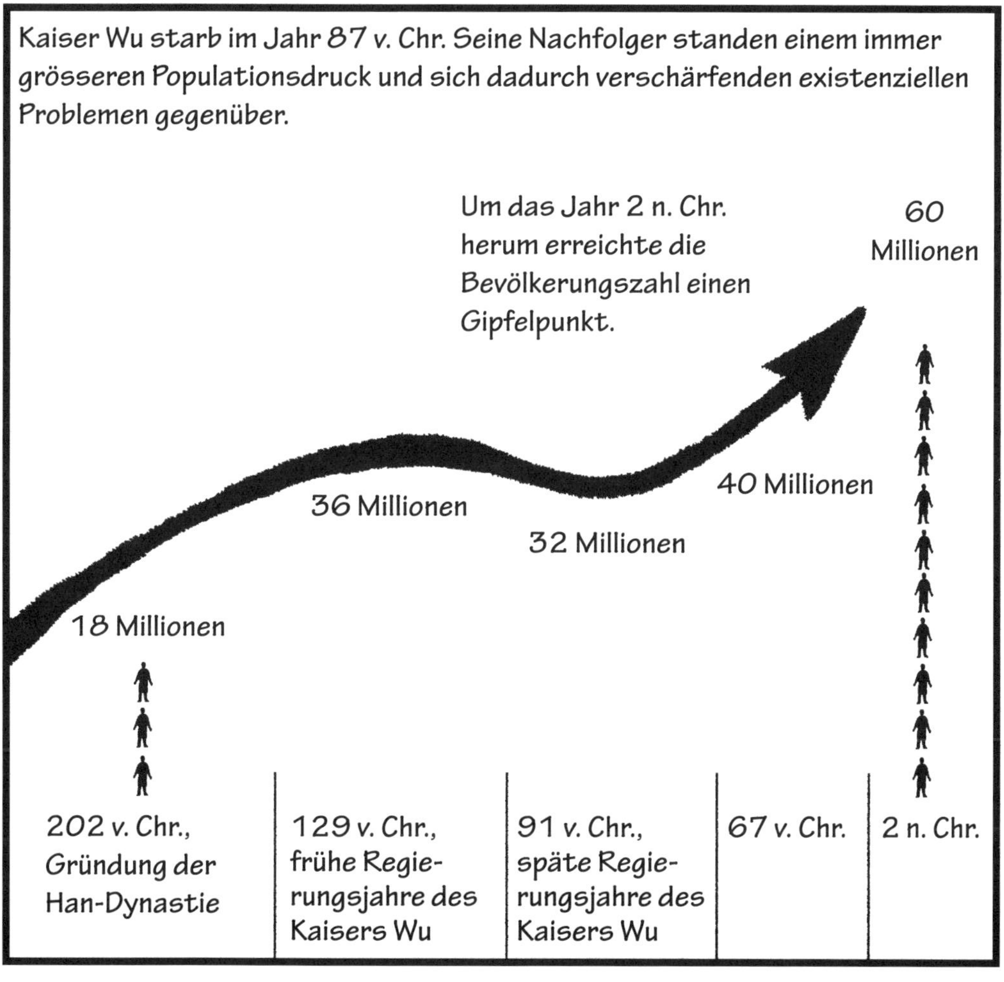
Kaiser Wu starb im Jahr 87 v. Chr. Seine Nachfolger standen einem immer grösseren Populationsdruck und sich dadurch verschärfenden existenziellen Problemen gegenüber.
Um das Jahr 2 n. Chr. herum erreichte die Bevölkerungszahl einen Gipfelpunkt.
60 Millionen
40 Millionen
36 Millionen
32 Millionen
18 Millionen
202 v. Chr., Gründung der Han-Dynastie
129 v. Chr., frühe Regierungsjahre des Kaisers Wu
91 v. Chr., späte Regierungsjahre des Kaisers Wu
67 v. Chr.
2 n. Chr.

Das Leben eines Bauern

Zu Zeiten der Westlichen Han-Dynastie hatten sich bereits die typischen Lebensumstände eines chinesischen Bauern herausgebildet, diese sollten sich für die nächsten tausend Jahre nicht grundlegend verändern.

Getreideernte	Getreideausgaben	Getreideüberschuss (in Dan**)
Jedes Mu Land produziert 1.5 Dan an Getreide, also beträgt die jährliche Ernte 150 Dan.		150
	Der damalige Steuersatz/Pachtzins betrug 1/15 der Jahresernte, also 10 Dan.	140
	Es werden 90 Dan benötigt, um die Familie zu ernähren.	50

* 1 Mu entspricht 666,67 Quadratmetern.

** Dan ist eine traditionelle chinesische Masseinheit, 1 Dan entspricht etwa 100 Litern.

Bareinnahmen	Barausgaben	Bilanz (in Münzen)
Verkauf des Getreideüberschusses von 50 Dan auf dem Markt, jedes Dan an Getreide bringt 30 Wen Kupfermünzen ein.		1500
	Für Rituale und Feste in der Dorfgemeinde werden 300 Wen Kupfermünzen aufgewendet.	1200
	Für Kleidung müssen pro Person 300 Wen Kupfermünzen ausgegeben werden, das sind insgesamt also 1500 Wen.	- 300

Die Xin-Dynastie und konfuzianische Reformen

Während arme Bauern nicht in der Lage waren, die Steuern zu bezahlen, fanden Grossgrundbesitzer immer Mittel und Wege, weniger Steuern zu zahlen.

Ohne ausreichende Steuereinnahmen konnte die Regierung ihre Aufgaben nicht erfüllen.

Wang Mang (45 v. Chr. – 23 n. Chr.), Regent eines minderjährigen Kaisers

Wang Mang war ein weithin sehr populärer Politiker.
Er lebt sparsam, einfach und bescheiden.
Er spendet sein Vermögen, um den Armen zu helfen.
Als sein Sohn einen Bediensteten tötete, befahl er ihm, Selbstmord zu begehen, um die Schuld mit seinem Leben zu sühnen.
Er hat die kaiserliche Universität ausgebaut, um auch Zivilbeamte ausbilden zu können.
Im Jahr 8 n. Chr. riss Wang Mang den Thron an sich, erklärte die Westliche Han-Dynastie für aufgehoben und errichtete die Xin-Dynastie (9 – 23 n. Chr.).
Ich möchte dieses Land wieder zu alter Grösse führen.

Wang Mang trieb kühn und entschlossen Reformen voran, um die Wirtschaft zu retten.
Unsere wichtigste Aufgabe ist es, das Steuersubstrat in den ländlichen Gebieten zu schützen, indem wir die Schlupflöcher stopfen, durch die regionale Fürsten und Grossgrundbesitzer sich vor Steuern und Abgaben drücken. Um dies zu erreichen, werden wir folgendes umsetzen:
- Die Xin-Dynastie führt das „Königsfeldsystem“ ein, ein Feldsystem, das ähnlich wie das Brunnenfeldsystem der Westlichen Zhou funktioniert.
- Wir werden Land von Grossgrundbesitzern enteignen und es den Armen zuteilen.
- Landverkäufe sollen verboten werden!

Wang Mang ging noch weiter, um die Macht der Reichen zu beschränken.
Reiche private Kreditgeber verlangen Zinsen von 30%. Der Staat soll jedoch Kredite zu einem Zinssatz von nur 10% anbieten.
Die privilegierten Schichten hassten Wang Mang für seine Reformen.
Dieser Usurpator hat uns alles genommen.
Für langfristige Vorteile müssen kurzfristige Opfer erbracht werden.
Diese Reformen dienen dazu, die harmonische Gesellschaft, wie sie in den konfuzianischen Klassikern beschrieben wird, aufzubauen.

Eine Pechsträhne aus Überschwemmungen und Rebellionen

Im Jahr 11 n. Chr. löste ein Deichbruch am Gelben Fluss eine Flusslaufänderung aus. Infolgedessen brachen Hungersnöte und Unruhen aus und dauerten für viele Jahre an. Die Adligen der Westlichen Han ergriffen dies als Gelegenheit, um zu rebellieren.

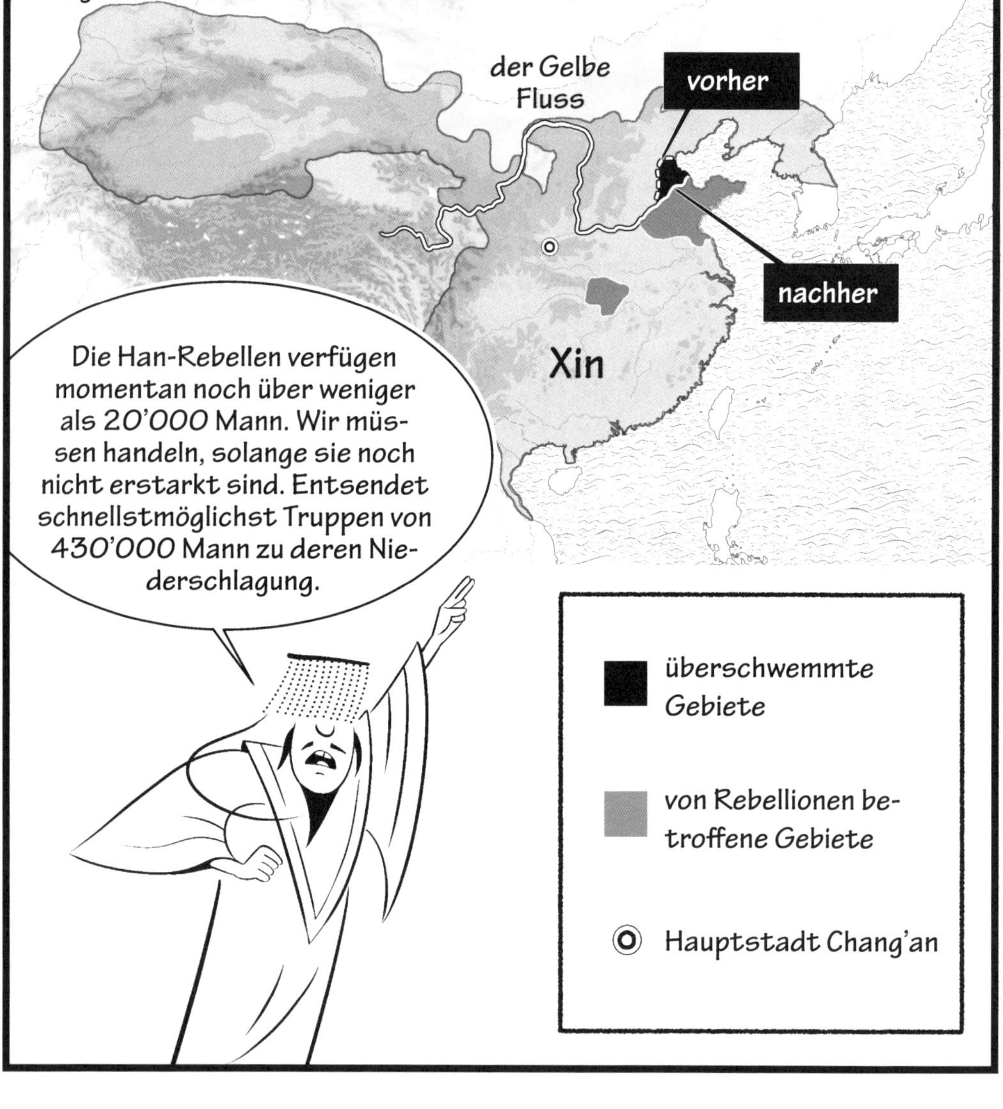

Die Xin-Armee umzingelte 9000 Rebellensoldaten, die sich in der Stadt Kunyang verschanzten.
Liu Xiu (5 v. Chr. – 57 n. Chr.), ein Absolvent der kaiserlichen Hochschule, führte eine Truppe an in der Absicht, den Belagerten zu Hilfe zu eilen, indem er von ausserhalb der Belagerung Störangriffe und Sabotageaktionen auf die mächtige Xin-Armee durchführte.
Der Oberkommandeur der Xin-Armee führte persönlich Truppen an zur Abwehr dieser Angriffe.
Hört auf damit, euch wie Ratten zu verstecken, und kämpft wie Männer.

Lius Truppen griffen die Xin-Streitkräfte aus dem Hinterhalt an.
Sie haben unseren Oberbefehlshaber getötet!
Als die Rebellen in Kunyang von der Neuigkeit erfuhren, stürmten sie aus der Stadt zum Angriff heraus.
Ein plötzlicher Regensturm verstärkte das Durcheinander.
Die Xin-Armee kollabierte und die meisten Soldaten desertierten.
Xin
Die Schlacht von Kunyang entfachte landesweite Rebellionen. Innerhalb weniger Monate entglitt den Xin die Kontrolle über das gesamte Reich.

Am 6. Oktober des Jahres 23 n. Chr. schwärmte die Rebellenarmee in die Xin-Hauptstadt Chang'an.
Tausende von Xin-Loyalisten bezahlten ihre Treue zu Wang Mang mit ihrem Leben.
Als die Rebellen den Herrscherpalast erstürmten, war Wang Mang gerade mit Lesen beschäftigt.
Der Himmel hat mir Tugend verliehen. Was könnt ihr mir schon antun?
Sie schlugen ihm den Kopf ab. Anschliessend stritten sich die Rebellen untereinander darum, wem das Verdienst zukam, Wang Mang getötet zu haben.

Restauration der Han-Dynastie

Während der ersten beiden Jahre, die auf Wang Mangs Tod folgten, hatten mehrere Rebellengruppen ihre eigenen Kaiser ernannt. Millionen starben in dem 14 Jahre andauernden Krieg um die Streitfrage, wer der wahre Sohn des Himmels sei.

37 n. Chr. hatte Liu Xiu alle Kontrahenten besiegt und stellte die Han-Dynastie wieder her, damit begann der Zeitabschnitt der Östlichen Han (25 – 220 n. Chr.)

Zurückerlangung der Kontrolle über die Grenzen

Während sich chinesische Fraktionen um den Thron stritten, erhoben sich die Xiongnu und übernahmen einmal mehr die Kontrolle über die profitable Seidenstrasse. Anschliessend verwendete die Östliche Han Jahrzehnte darauf, andere Nomadenstreitkräfte aufzubieten, um ihre weit entlegenen Grenzen zu verteidigen.

Im Jahr 91 besiegte die Östliche Han die Xiongnu in einer von den eigenen Landesgrenzen 2500 Kilometer entfernten Schlacht. Es war dies die weiteste Distanz in westlicher Richtung, die eine chinesische kaiserliche Armee jemals zurückgelegt hatte.

Die verbliebenen Xiongnu flohen nach Westen. Manche Historiker vertreten die Ansicht, sie hätten sich in Ungarn wieder angesiedelt und seien dort in der lokalen Bevölkerung aufgegangen.

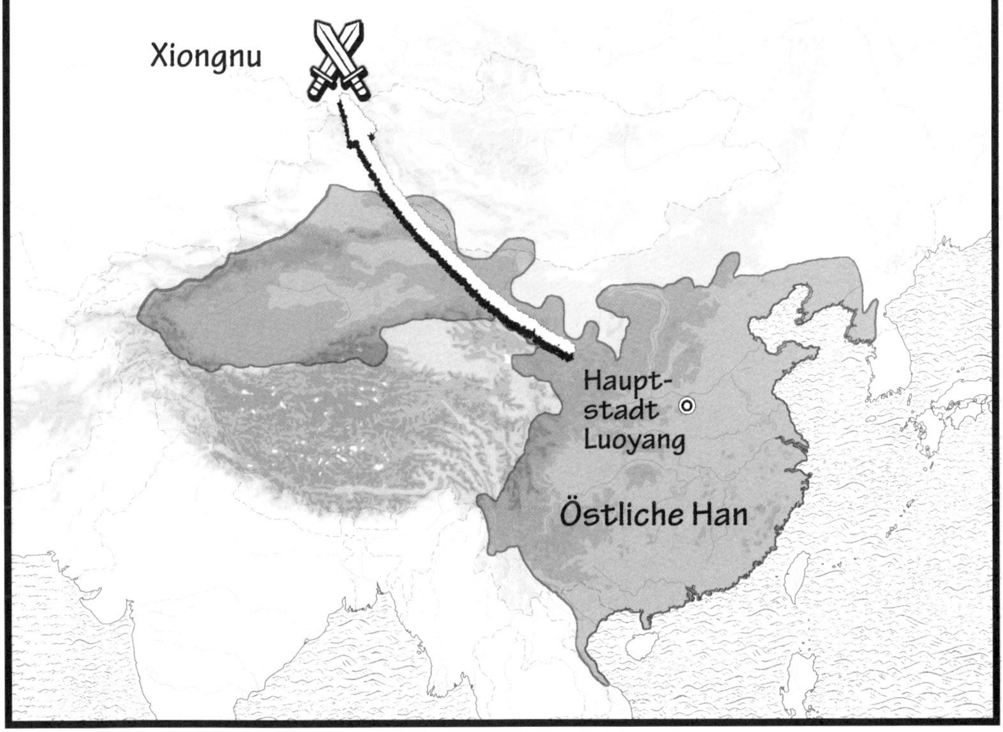

Ausbildung von Beamten

Gleichzeitig mit der Wiederherstellung des Territoriums widmete sich die Östliche Han dem Wiederaufbau von kaiserlichen Institutionen.

Der Kaiserhof ordnete den Aufbau einer neuen Hochschule in der Hauptstadt an. Es sollte die grösste werden, die jemals in China unter kaiserlicher Herrschaft erbaut wurde.

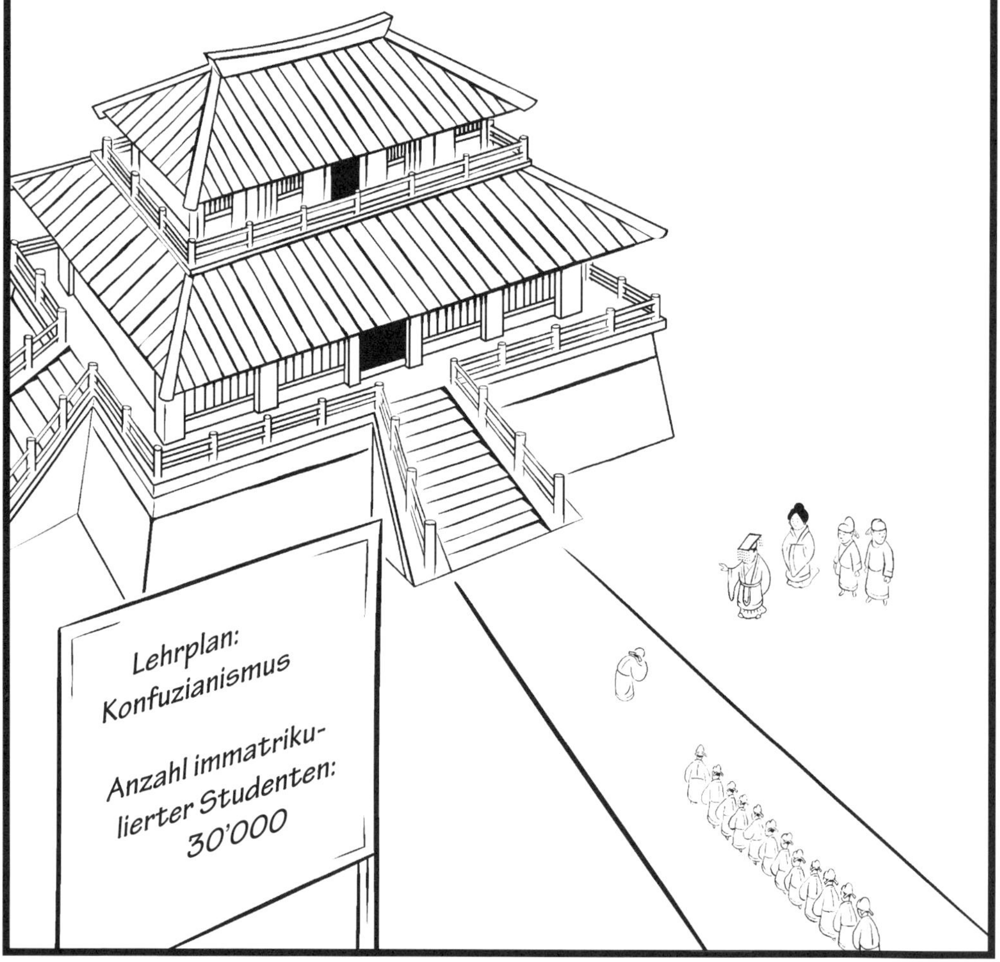

In allen Teilen des Landes verfügten die privaten Schulen über ein unerschöpfliches Reservoir an Schülern. Eine geringe Zahl der herausragendsten Schüler wurde später zu Regierungsbeamten. Die meisten Absolventen hingegen verblieben in ihren regionalen Gemeinden.
Obwohl es uns nicht gelungen ist, die Beamtenlaufbahn einzuschlagen, gibt es für uns auch in unserer Region viele Möglichkeiten, um unseren Lebensunterhalt zu verdienen.
Unterricht an Schulen
Schlichtung von Nachbarschaftsstreitigkeiten
Überwachung von Gemeindeprojekten
Leitung von Zeremonien

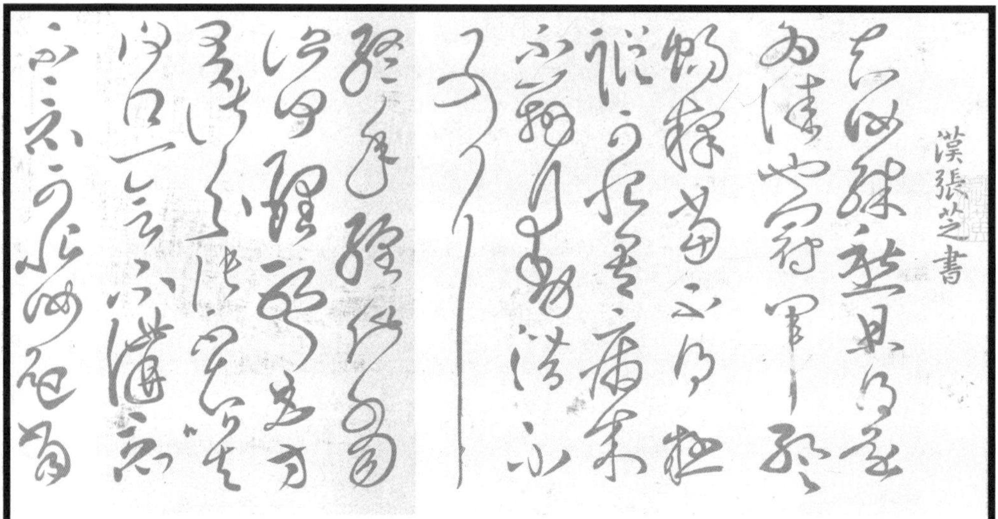

Mit der Ausweitung des Zugangs zu Bildung blühten die wichtigsten chinesischen Kunstformen auf:

- Literatur
- Malerei
- Kalligrafie
- Siegelschnitzerei
- Sammlung von Antiquitäten

Auch die Kochkunst wurde populär.
Es ist in der Östlichen Han ein neuer Trend, gebratene Gerichte mit Stäbchen zu verspeisen.
Zuerst schneidet man die Zutaten in kleine mundgerechte Stücke. Dann brät man sie im Wok, während man sie dreht und wendet.
Das Braten von Gerichten geht schnell, nach wenigen Minuten kann man sie aus dem Topf nehmen, und Farbe und Aroma geraten wunderbar.

Der Kaiserhof in der Krise

Während der äussere Regierungshof mit gewissenhaften Gelehrtenbeamten bestückt war, war der innere Hof in interne Auseinandersetzungen verstrickt.

Mit Ausnahme der ersten drei Kaiser hatten alle Herrscher der Östlichen Han-Dynastie in einem Alter von unter 16 Jahren den Thron bestiegen. Ein junger Kaiser stand oft unter der Kontrolle seiner Mutter und ihres Klans.

Wenn ein Kaiser älter wurde, stützte er sich oft auf seine Eunuchen, um sich seine Macht zurückzuerkämpfen. Dieser Umstand erlaubte es den Eunuchen, sich als extrem mächtige Akteure in den Machtkämpfen im Kaiserpalast zu etablieren.

Im Jahr 125 lancierten die Eunuchen einen Staatsstreich, um die sich an der Macht befindenden Verwandten einer kaiserlichen Konkubine zu stürzen und um Kaiser Shun (115 – 144) auf den Thron zu setzen.

Im Jahr 159 paktierte Kaiser Han (132 – 168) zur Zerstörung des Klans einer anderen kaiserlichen Konkubine mit den Eunuchen, um den Thron wiederzuerlangen.

Als Kaiser Huan im Jahr 168 starb, löschte die Eunuchenfraktion des Kaiserhofes die gesamte Familie seiner Gattin aus.

Der Erfinder des Papiers in der Klemme
Viele wurden wider Willen in die internen Machtkämpfe im Kaiserpalast hineingezogen, darunter auch der Erfinder der Papierherstellung Cai Lun (63 – 121).
Cai Lun war in eine arme Familie hineingeboren worden.
Junge, du bist jetzt 12 Jahre alt. Wir können dich nicht mehr ernähren. Im Palast ist gerade eine Stelle freigeworden.
Um sich für die Arbeitsstelle zu qualifizieren, wurde Cai Lun kastriert.
Im Jahr 75 trat er als Eunuch der untersten Rangstufe in den von seiner Heimat 1000 Kilometer entfernten Kaiserpalast ein.

Im Alter von 19 Jahren erhielt er einen Auftrag, der ihm letztendlich sein Leben kosten würde.
Du sollst die Konkubine Song verhören.
Wen?
Konkubine Song hat dem Kaiser seinen ersten Sohn geboren. Der Junge wurde zum Kronprinzen bestimmt, weil Kaiserin Dou unfruchtbar ist.
Die Kaiserin kocht vor Wut.
Konkubine Song steht jetzt unter Anklage der Hexerei. Deine Aufgabe ist es, sie zu einem Schuldbekenntnis zu bringen.
Cai Lun führte das Verhör so aggressiv durch, dass die Konkubine Song sich das Leben nahm.
Das hast du gut gemacht! Du wirst dazu befördert, die Aufsicht über die Herstellung der kaiserlichen Instrumente zu führen.

Nach vielen Jahren trat Cai Lun in die Dienste von Kaiserin Deng.
Ich liebe es, zu Lesen und zu Schreiben, aber auf welchem Material soll man schreiben?
Kaiserin Deng Sui (81 – 121 n. Chr.)
Vor der Erfindung des Papiers benutzten die Menschen verschiedenste Materialien und Methoden, um ihre Gedanken aufzuzeichnen.
Höhlenwände, Stein, Knochen, Baumrinde, Baumblätter, Holz, Bambus, Porzellan, Metalle, Stoff, Seide ...
Zu Zeiten der Han-Dynastie wurden am Kaiserhof Schriftrollen verwendet, die aus einzelnen zusammengenähten Bambusstreifen bestanden.
Die sind viel zu schwer zum Herumtragen.
Im Jahr 105 erfand Cai Lun ein neues Verfahren der Papierherstellung, bei dem preisgünstige Materialien verwendet wurden.
Pflanzenfasern
Stofflumpen

Als Belohnung verlieh ihm der Kaiserhof einen Adelstitel.
Im Laufe der Zeit übernahm Kaiserin Deng die Regentschaft für einen minderjährigen Kaiser.
Bei der Grossmutter väterlicherseits dieses Jungen handelte es sich um eben diese Konkubine, die unter dem Verhör durch Cai Lun Selbstmord begangen hatte.
Als Kaiserin Deng im Jahr 121 verstarb, wusste Cai Lun, dass seine Tage gezählt waren.
Melde dich unverzüglich im Gefängnis an.
Er nahm ein Bad, kleidete sich in eine feine Seidenrobe und trank Gift ....

Der Beginn des Niedergangs

Nach Cai Luns Tod wurden die Palastintrigen immer blutiger.

Zur Regierungszeit des Kaisers Ling (156 – 189) griffen die Kämpfe zwischen der Familie einer Kaisermutter und den Eunuchen auf die kaiserliche Hochschule über. Im Jahr 169 gingen Zehntausende von Studenten zu Protesten auf die Strasse.

Die Eunuchen boten die kaiserlichen Garden auf, um die Proteste niederzuschlagen. Über 100 Studenten wurden getötet. Hunderte von Beamten wurden angeklagt, in die Proteste verwickelt gewesen zu sein, und verurteilt, davon viele zum Tode.

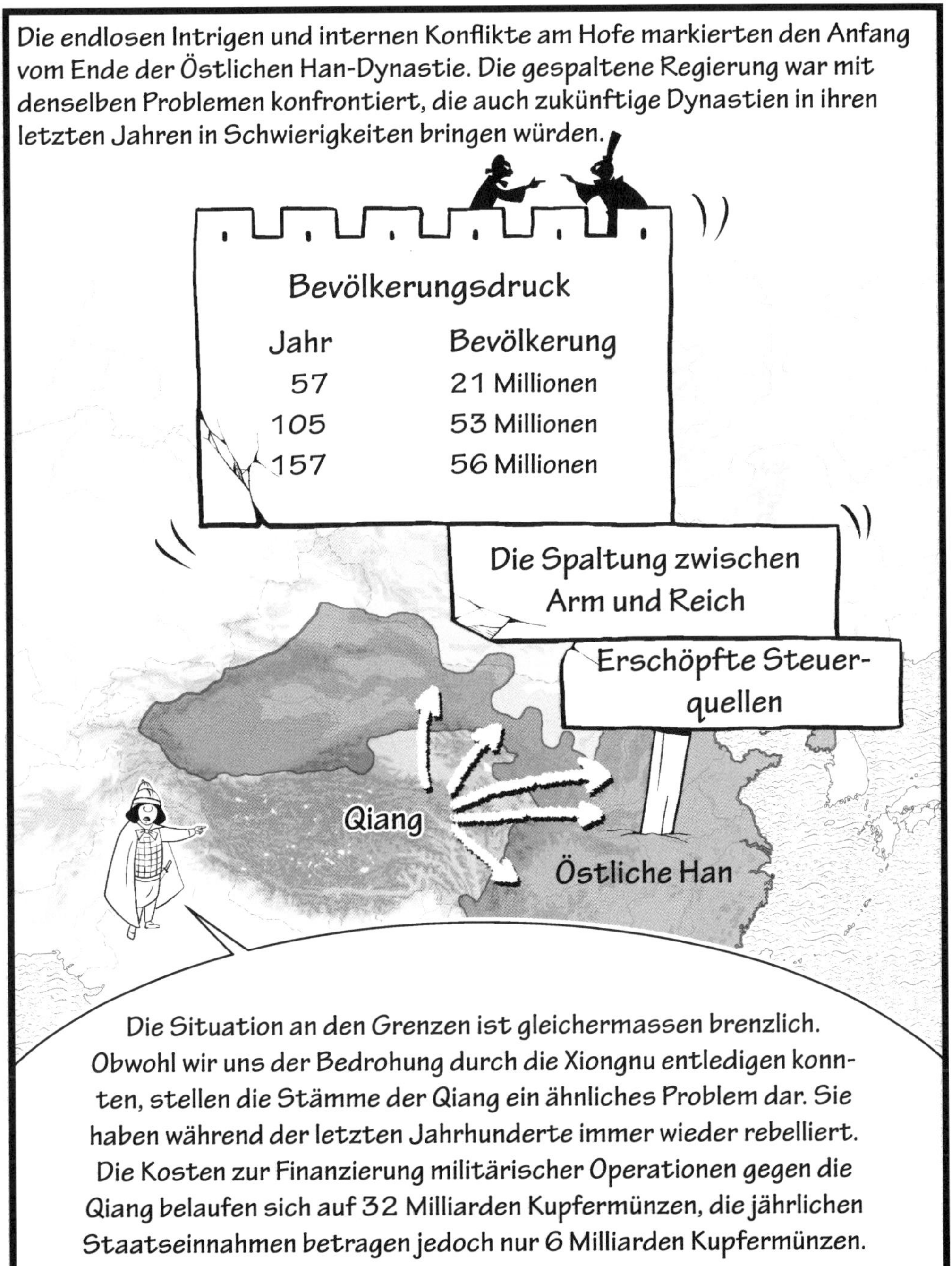
Die endlosen Intrigen und internen Konflikte am Hofe markierten den Anfang vom Ende der Östlichen Han-Dynastie. Die gespaltene Regierung war mit denselben Problemen konfrontiert, die auch zukünftige Dynastien in ihren letzten Jahren in Schwierigkeiten bringen würden.
Bevölkerungsdruck
Jahr Bevölkerung
57 21 Millionen
105 53 Millionen
157 56 Millionen
Die Spaltung zwischen Arm und Reich
Erschöpfte Steuerquellen
Qiang
Östliche Han
Die Situation an den Grenzen ist gleichermassen brenzlich. Obwohl wir uns der Bedrohung durch die Xiongnu entledigen konnten, stellen die Stämme der Qiang ein ähnliches Problem dar. Sie haben während der letzten Jahrhunderte immer wieder rebelliert. Die Kosten zur Finanzierung militärischer Operationen gegen die Qiang belaufen sich auf 32 Milliarden Kupfermünzen, die jährlichen Staatseinnahmen betragen jedoch nur 6 Milliarden Kupfermünzen.

Die Rebellion der Gelben Turbane
Die Rebellion der Gelben Turbane im Jahr 184 löste den vollständigen Zusammenbruch der Östlichen Han-Dynastie aus.
Im Versuch, die prekäre Lage noch zu retten, rief Kaiser Ling von Han die allgemeine militärische Mobilmachung des ganzen Landes aus.
Wer immer in der Lage ist, die Geldmittel aufzubringen, um eine eigene Armee aufzustellen, soll dies tun, um mir, eurem Herrscher, zu Hilfe zu eilen.
Die Hauptstreitkräfte der Rebellen waren nach sechs Monaten vernichtet. In der Zwischenzeit aber hatte die Aufrüstung der an der Niederschlagung der Rebellion beteiligten privaten Kräfte riesige Ausmasse entwickelt, und regionale separatistische Kräfte waren daraus hervorgegangen, ambitionierte Einzelpersonen mit grosser Finanzkraft waren zu mächtigen Kriegsherren aufgestiegen.

Nachdem Kaiser Ling im Jahr 189 verstorben war, kämpfte die Familie seiner Witwe mit den Eunuchen darüber, wer der nächste Kaiser werden würde.
Ruft die Truppen an der Grenze zurück, zur Beseitigung der ...
Die Eunuchen holten zum Erstangriff aus, um der anderen Partei zuvorzukommen. Zwischen beiden Seiten kam es in Luoyang zu einer bewaffneten Konfrontation.
Zu diesem Zeitpunkt zog die Armee in die Hauptstadt ein, massakrierte 2000 Eunuchen und installierte einen minderjährigen Kaiser.
Kaiser Xian von Han (181 – 234)

Als letzter Monarch der Östlichen Han war der Han-Kaiser Xian nur noch eine Marionette in den Händen der Kriegsherren.
Die 400 Jahre lang andauernde Han-Dynastie war zu diesem Zeitpunkt tatsächlich bereits an ihrem Ende angelangt.

Die Han-Dynastie und ihre Vorgängerin, die Qin-Dynastie, hinterliessen ein dauerhaftes und beeindruckendes Vermächtnis.

Die kurzlebige Qin-Dynastie legte die Fundamente für eine zentralisierte Herrschaftsform. Die Han konsolidierten weiter die Regierungsmacht und dehnten sie räumlich und zeitlich aus, dies bot der Herausbildung der chinesischen Zivilisation Zeit und Raum.

Während der Qin- und Han-Dynastien entwickelte sich die Zentralchinesische Ebene zur einer von Einheitlichkeit geprägten Kernregion der chinesischen Politik und Kultur. Die dort siedelnden Menschen begannen sich selbst als Chinesen zu betrachten und begannen, die politische Einheit Chinas als Normalzustand anzusehen.

Die mehr als 400 Jahre währende Einheit unter den Qin und Han sollte allerdings nicht auf ewig andauern. China sollte bald wieder geteilt sein, diesmal für eine Periode von fast 400 Jahren. Während dieser Periode der Spaltung kämpften viele Fraktionen gegeneinander, fremde Völker drangen in das Staatsgebiet ein und die Bevölkerung machte harte Zeiten durch. Die Grundfesten der chinesischen Zivilisation wurden von schwierigen Herausforderungen erschüttert. Doch dies ist eine andere Geschichte.

Fortsetzung folgt ...

Anmerkungen und empfohlene weiterführende Lektüre

Die Aussprache chinesischer Namen kann sehr schwierig sein. Um die Dinge so einfach wie möglich zu halten, habe ich alle chinesischen Namen in *Pinyin* angegeben, der standardisierten phonetischen Umschrift zur Transkription chinesischer Wörter.

Die einzigen Ausnahmen hierzu bilden Namen, die vor längerer Zeit gemäss anderer, älterer Standards in lateinische Buchstaben umgesetzt wurden, und die sehr häufig verwendet werden.
Ein ausgezeichnetes Beispiel hierfür ist der Philosoph Konfuzius. In der Pinyin-Schreibweise müsste man den Namen des Philosophen mit Kong-fuzi wiedergeben.
Aber ich verwende hierfür den Namen Konfuzius, nämlich den Namen, den jesuitische Missionare dem Philosophen im sechzehnten Jahrhundert gegeben haben.

Wenn Sie Ihre Aussprache der in *Pinyin* geschriebenen Wörter auf Korrektheit überprüfen möchten, finden Sie im Internet eine Vielzahl hilfreicher Ressourcen dafür.
Ein exzellentes Online-Wörterbuch mit Audio-Funktionen findet sich auf der Webseite www.mdbg.net.
Die Pleco App für iOS und Android Mobiltelephone erlaubt Ihnen ebenfalls, ihre Aussprache zu überprüfen.

Als ich *Chinas Geschichte im Comic – China durch seine Geschichte verstehen – Band 1: Die Fundamente der chinesischen Zivilisation – Vom gelben Kaiser bis zur Han-Dynastie* schrieb, stützte ich mich auf eine Anzahl chinesischsprachiger Quellen. Diese beinhalten:
Die Geschichte Chinas von Tongling Wang
Die allgemeine Geschichte Chinas von Simin Lü
China – Eine Makrohistorie von Ray Huang (Huang Renyu)
sowie
Die Geschichte chinesischer Philosophie von Youlan Feng.
Bei vielen dieser Bücher handelt es sich um Klassiker der Geschichtsschreibung und sie beinhalten viel mehr Informationen, als ich jemals in dieser Reihe, geschweige denn in einem einzelnen Teilband, unterbringen könnte.
Wenn Sie in der Lage sind, chinesische Texte zu lesen, dann lohnt es sich für Sie, sich mit diesen Büchern näher zu beschäftigen.

Während die Zahl englischsprachiger Publikationen, die sich mit antiker chinesischer Geschichte auf einfach zugängliche Weise befassen, sehr begrenzt ist, handelt es sich bei *The Early Chinese Empires: Qin and Han* von Mark Edward Lewis um ein sehr informatives Werk. Ich empfehle auch *Chinese Civilization: A Sourcebook, 2nd Edition* von Patricia Buckley Ebers, worin originales Quellenmaterial der chinesischen Geschichte versammelt ist, von Orakelknochen über Gesetzestexte bis hin zu Volkssagen.

Chinesischlerner finden auf der Webseite www.manhua.ch Vokabellisten chinesischer Wörter mit deutscher Übersetzung für den chinesischsprachigen Teil dieses Buches.

Auf www.manhua.ch gibt es auch weitere Informationen über den Künstler Jing Liu.

献给

聂莎莎、司徒了怡、张智焕、张智倍、严家森、严凯琳、刘一大，
和许许多多对世界充满好奇心的孩子们

画说中国史

第一册

中华文明的初创

黄帝－汉朝
（约公元前2697年 － 公元220年）

刘京 文/图

目录

时间表

公元前2697	黄帝即位
公元前2070	相传大禹建立夏朝
公元前1600	商灭夏
约公元前1200	甲骨文出现
公元前1046	武王灭商，建立周朝，开启西周时期
公元前841	国都暴动，周厉王出逃，贵族联合执政，史称共和时期
公元前827	周宣王中兴
公元前770	周朝国都东迁，东周春秋时期开始
公元前551	孔子诞生
公元前403	三家分晋，东周战国时期开始
公元前256	秦军占领东周国都，结束周朝
公元前221	秦始皇统一中国，建立秦朝
公元前210	秦始皇病逝
公元前207	项羽战胜秦军主力，刘邦攻入秦朝都城
公元前206	秦朝灭亡
公元前202	刘邦击败项羽，建立汉朝，史称西汉
公元前195	刘邦于平叛时中箭，伤重不治
公元前133	汉武帝伐匈奴
公元前86	《史记》作者司马迁去世
9	王莽建立新朝
23	刘秀大败新军
25	刘秀恢复汉室，史称东汉
121	造纸术发明人蔡伦死于宫廷斗争
220	汉朝灭亡

前言

关于今日中国的话题大多集中在经济领域，原因很明显：在三十年间，这个曾经一穷二白的国家一跃成为世界第二大经济体，六亿人从此脱贫，中产家庭的经济实力也直追发达国家水平。

中国的经济成就全球瞩目，好奇的读者可能会提出很多问题，其中一个问题是，中国是怎么走到今天的？虽然这个问题没有简单的答案，但我建议，了解今日中国可以从了解中国的过去开始。历史像一条连续的纽带，今日情景的起因可以追溯到昨天、前天、去年、前年…… 追溯越久，事物的全貌就越清晰。然而中国历史悠久，文献极其丰富，如何把繁杂的信息用清晰易懂的方式表达出来？

《画说中国史》系列丛书力求以简洁的画风、精炼的文字、理性的视角，勾画出中国历史的发展脉络。通过这个脉络，读者可以把地理、气候、经济、文化、哲学、人物、事件等各个点连成一条线，再用现代人的眼光寻找历史主线中反复出现的趋势和背后的逻辑。只有如此放开眼界，我们才能体会到各个历史时期的当事人所处的时代背景及其面临的挑战，看到当事人所无法看到的结果，明白当事人所无法明白的意义。

中国是怎么走到今天的？这个问题没有单一的回答，但通过探究历史，读者会看到，在中国的地理和历史条件下，中华文化长期积累演变，决定了中国人的生活状况和思维习惯，从而影响了中国的发展道路。希望读者能够以这本书为起点，开辟更多的探索途径，更全面地了解我们周边的世界，看到每个人每件事存在的意义。毕竟，求知的动力源自我们每个人自己。

作者
2017年 北京

一览五千年

经历过17,434次自然灾害，3,791场战争， 663位帝王以及95个王朝之后，五千年的中华文明继续前行。

朝代更迭引发社会激烈动荡。旧的朝代轰然倒地，
新的朝代在废墟中浴火重生，再次腾飞。

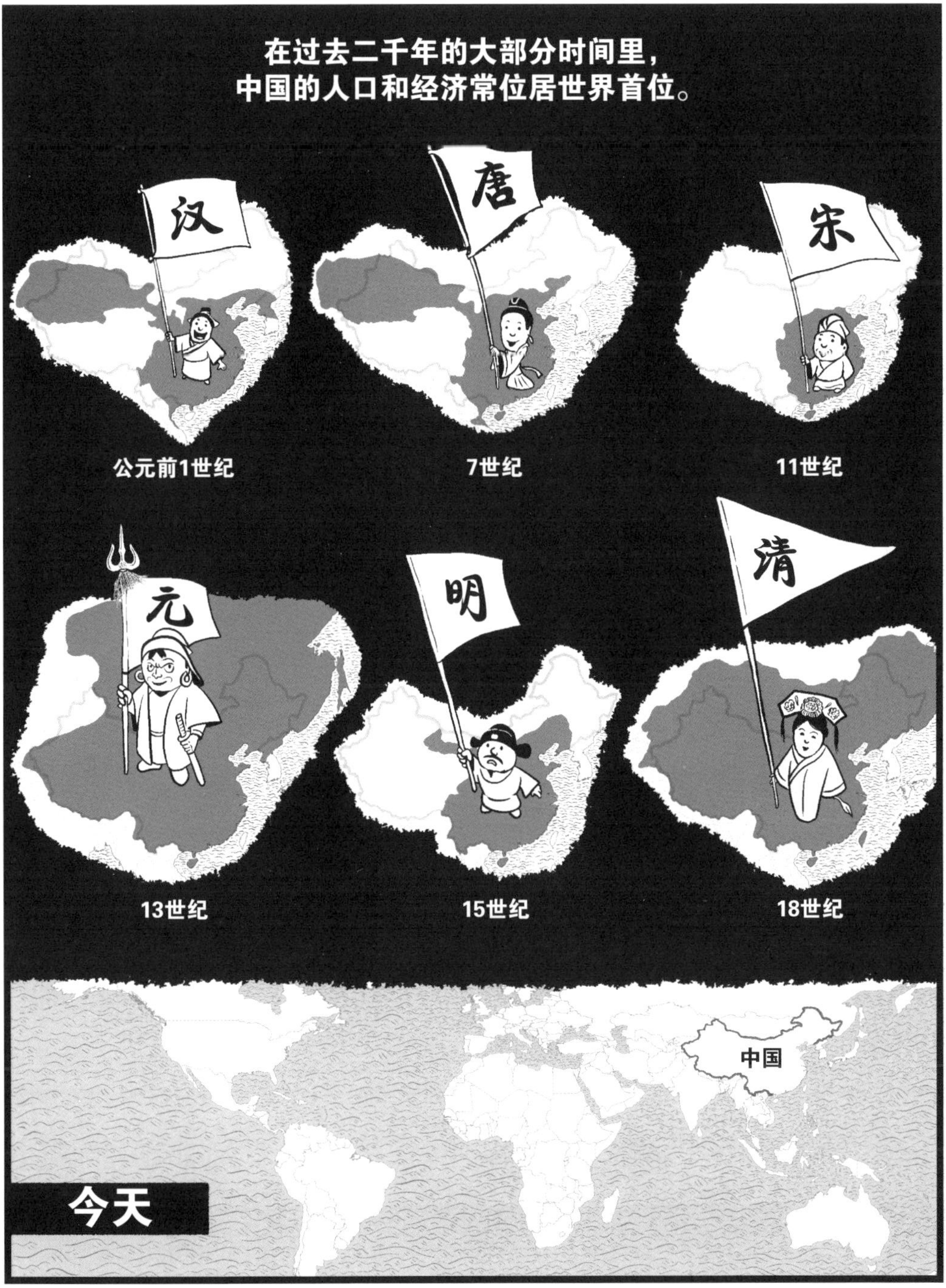
在过去二千年的大部分时间里，
中国的人口和经济常位居世界首位。
汉
唐
宋
公元前1世纪
7世纪
11世纪
元
明
清
13世纪
15世纪
18世纪
中国
今天

在中国历史上的95个朝代中，有九个主要皇朝。

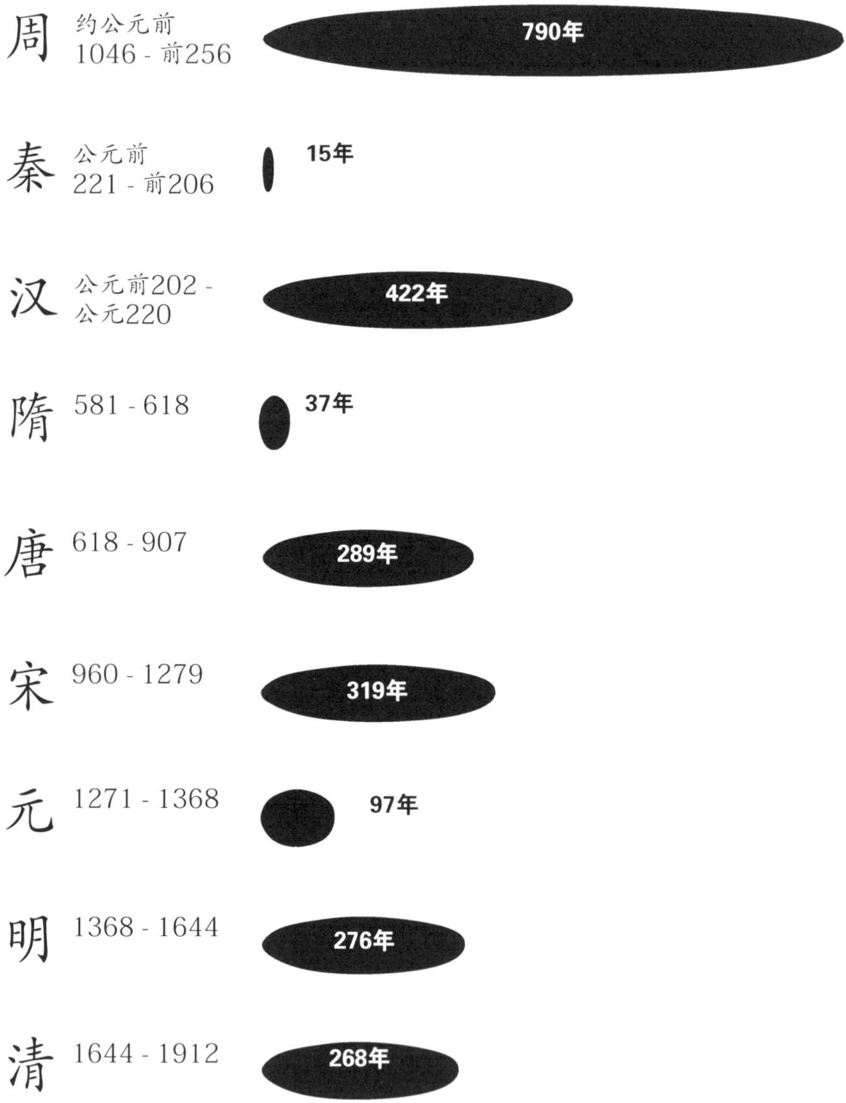

在这些朝代之间，
中国往往四分五裂，
战火纷飞。

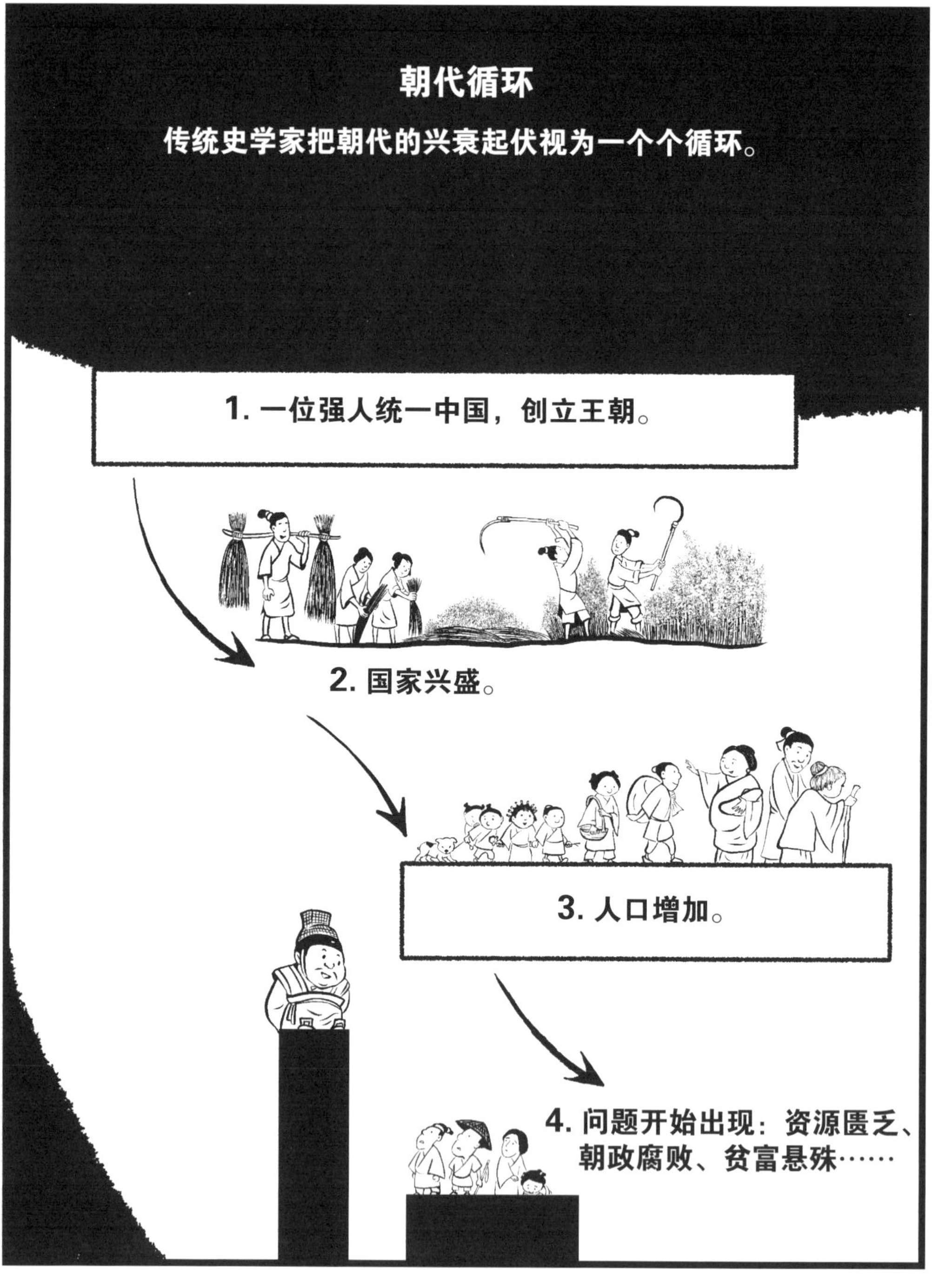
朝代循环
传统史学家把朝代的兴衰起伏视为一个个循环。
1. 一位强人统一中国，创立王朝。
2. 国家兴盛。
3. 人口增加。
4. 问题开始出现：资源匮乏、朝政腐败、贫富悬殊……

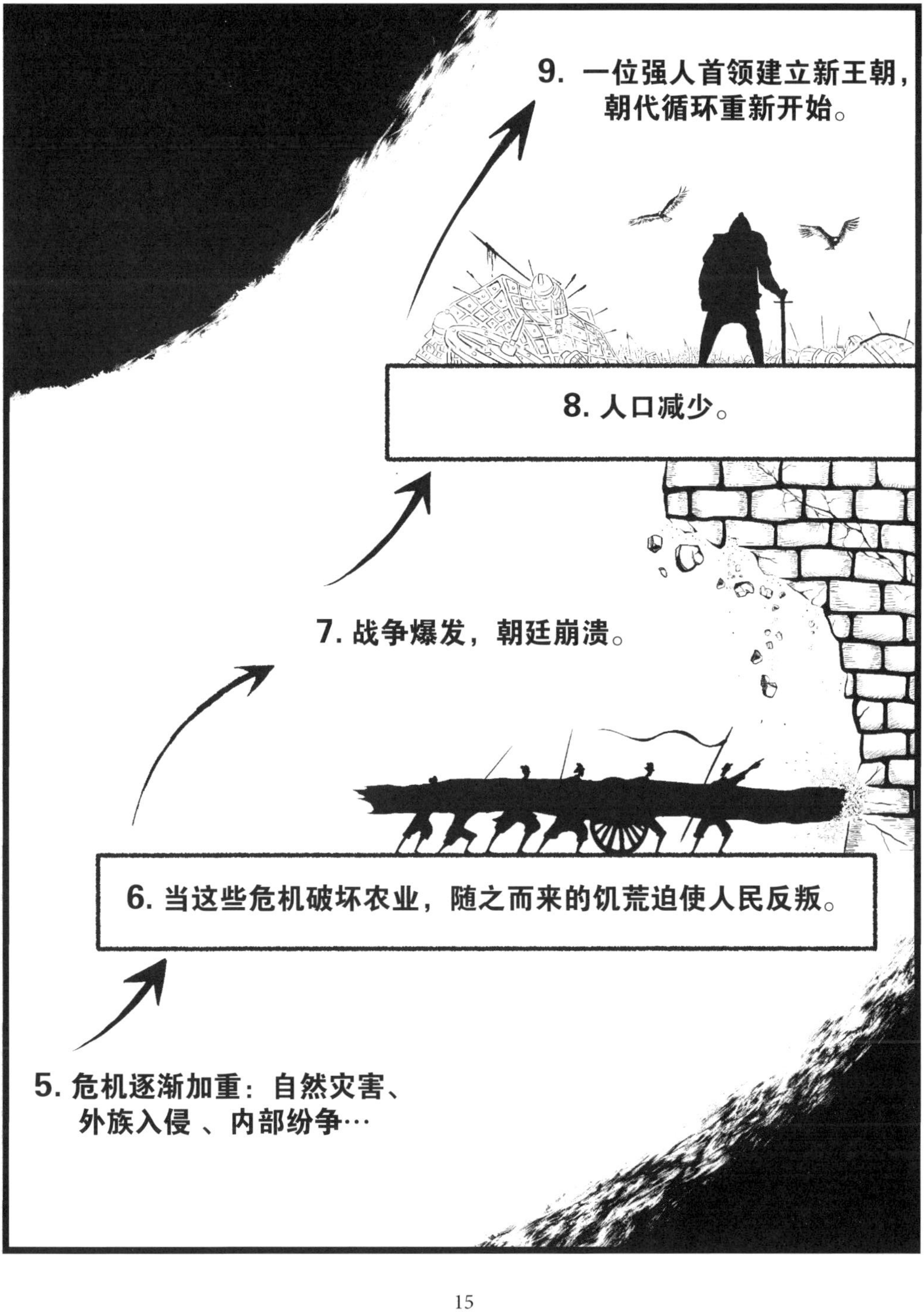

5. 危机逐渐加重：自然灾害、
外族入侵 、内部纷争…
6. 当这些危机破坏农业，随之而来的饥荒迫使人民反叛。
7. 战争爆发，朝廷崩溃。
8. 人口减少。
9. 一位强人首领建立新王朝，
朝代循环重新开始。

自然条件

自然灾害在朝代循环中起着推波助澜的作用。
中国正位于一个灾难频发的地区。

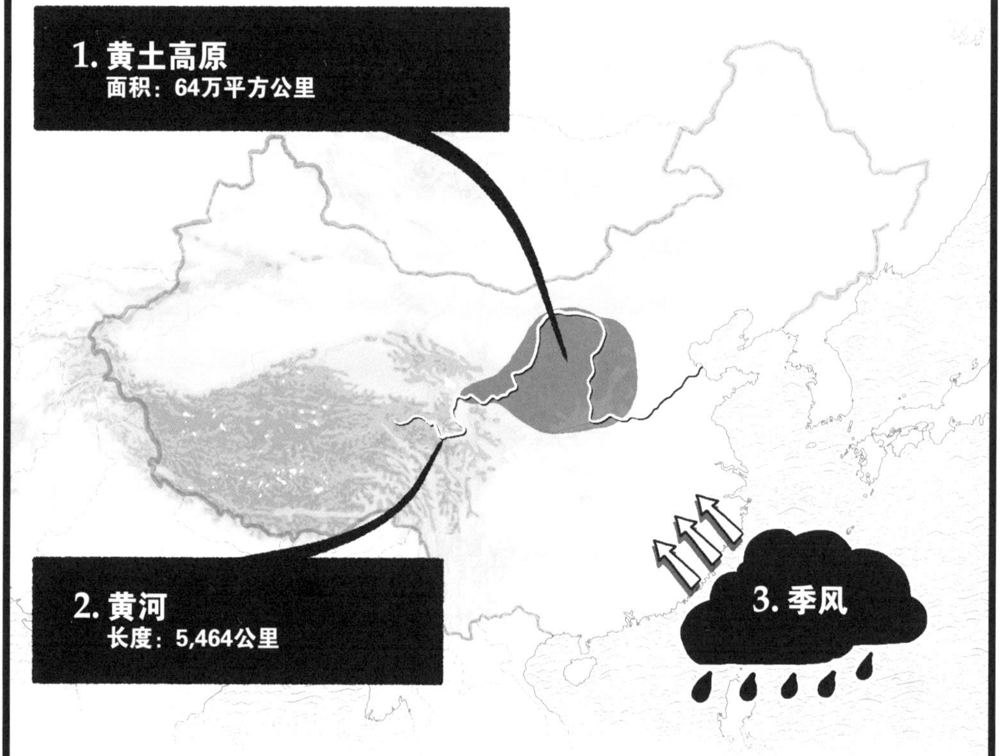

1.

黄土高原是地球上最大的尘埃堆积地，其面积相当于美国德州，或德国和英国的总和。黄土来自大风携带的沙漠灰尘以及11,000年前的冰河时期遗留下的沉积物。

黄土高原土壤松散，植被缺乏，是世界上最容易发生土壤流失的地区之一。

2.

黄河流经黄土高原，带走土壤，河水变成黄色。黄河下游成为地球上最浑浊的河流地带。

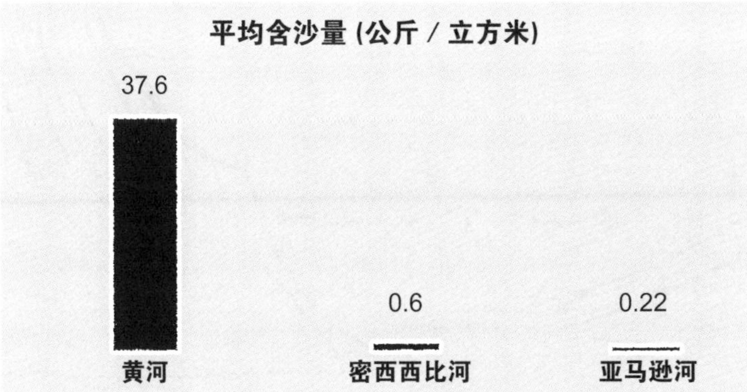

当黄河泥沙沉淀，堵塞河床，河流就要改道，造成洪水。

3.

夏季风带来强降水。在中国东部，全年降雨量大多集中在夏季三个月，不均衡的降水常常导致夏季洪灾，其他月份干旱。

由于黄河淤积和季风降雨，中国二千多年来遭受了1,621次大洪水和1,392次大面积干旱。

中华文明的摇篮

中国的地理特征也促进了中华早期文明的蓬勃发展。

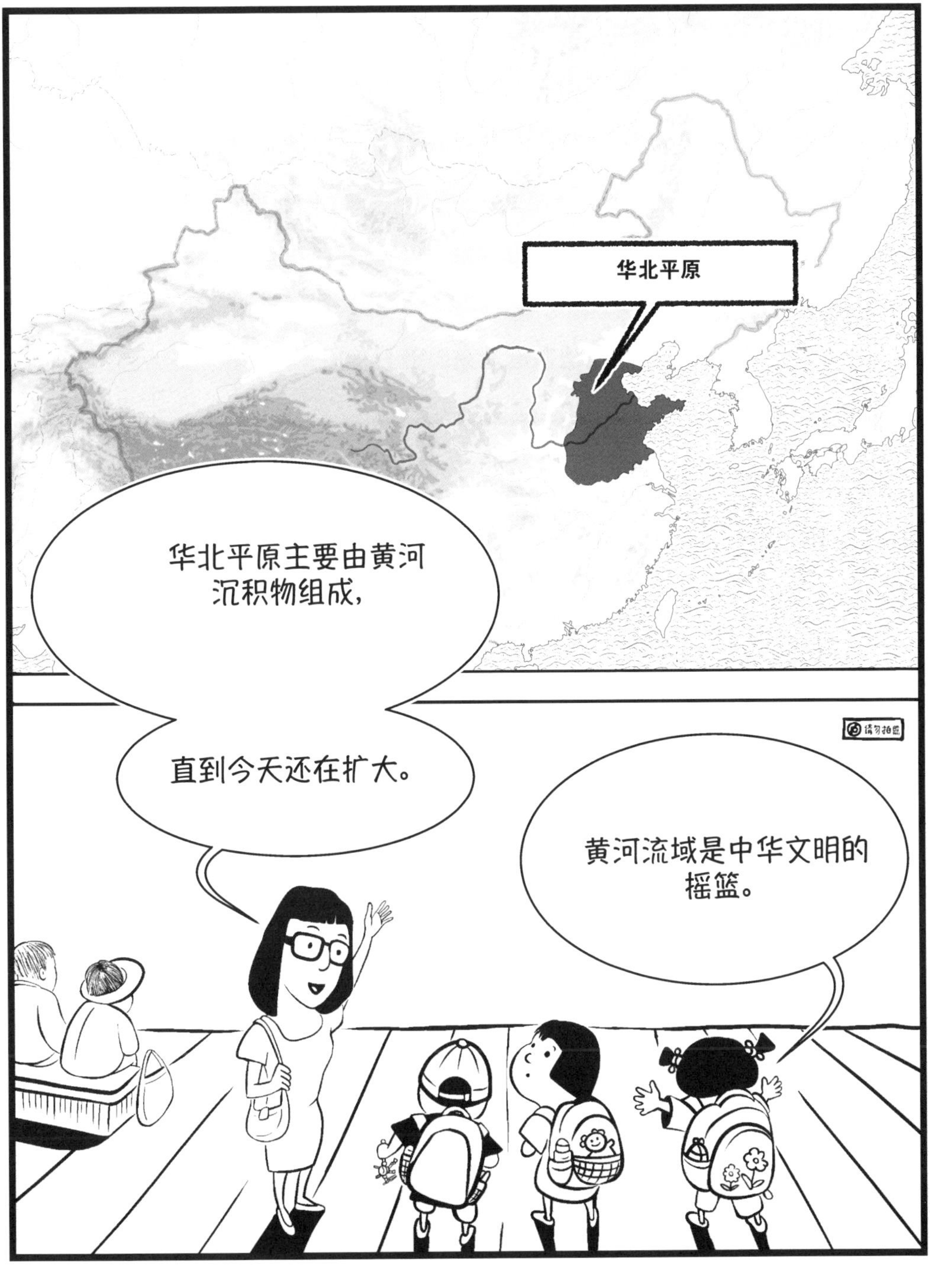
华北平原
华北平原主要由黄河沉积物组成，
直到今天还在扩大。
请勿拍照
黄河流域是中华文明的摇篮。

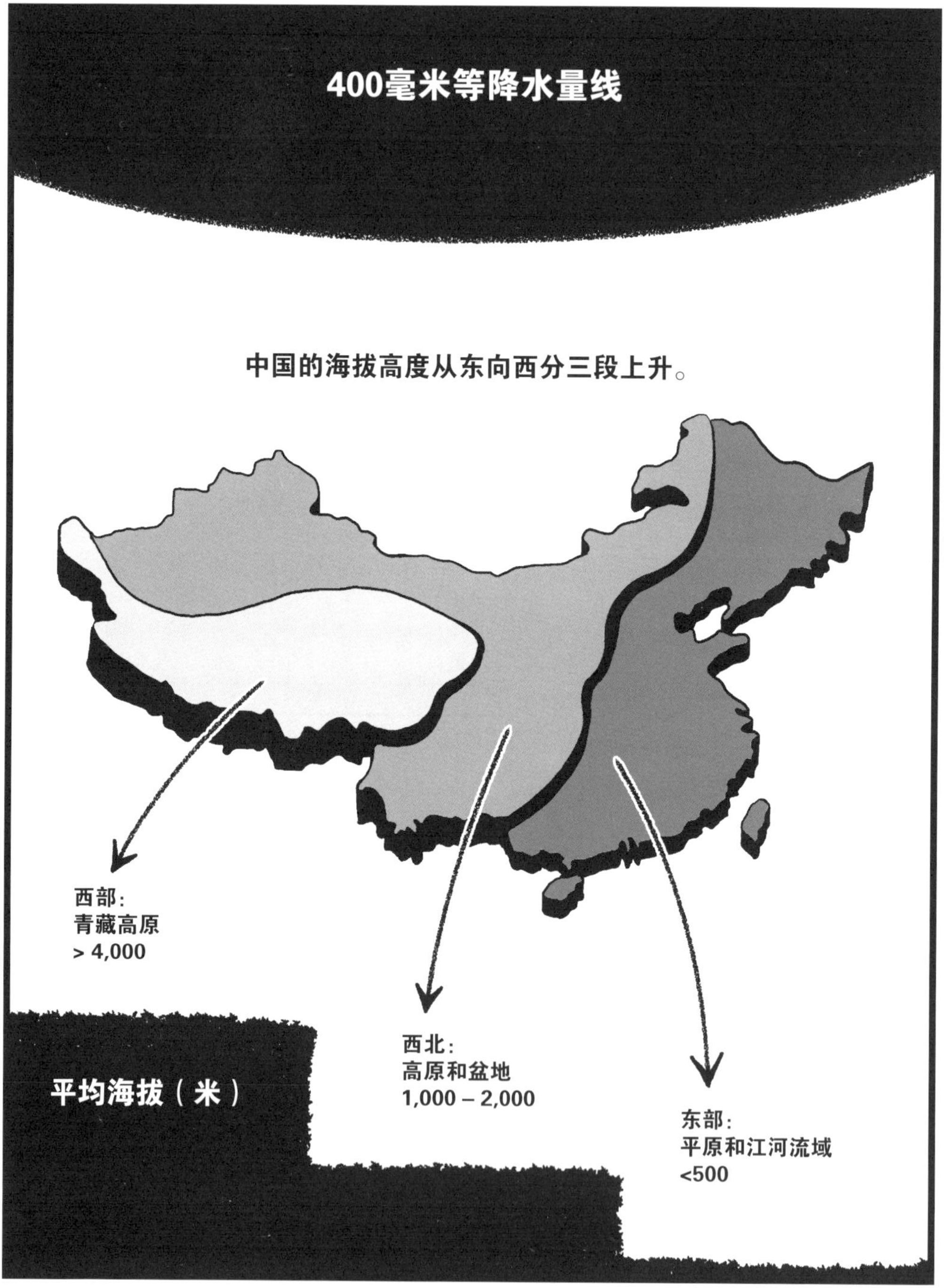
400毫米等降水量线
中国的海拔高度从东向西分三段上升。
西部：
青藏高原
> 4,000
西北：
高原和盆地
1,000 – 2,000
东部：
平原和江河流域
<500
平均海拔（米）

等值线东部，每年降雨超过16英寸，适合农业。而在西半部，由于高地阻挡了夏季风，降雨较少，干旱贫瘠。

直到今天，由于缺水，中国只有5%的人口生活在400毫米等降水量线的西部。

在中国历史上，这条等值线西边的游牧民族经常入侵东边的农耕地区。
爸爸，饿饿！
为抵御外敌，历代王朝筑造长城，其中部分长城的修建就沿着400毫米等降水量线。

长城最终没能挡住敌人，游牧民族在二千年间不断侵袭，对中华文明影响深刻。
匈奴
鲜卑
突厥
党项
契丹
女真
蒙古
满族

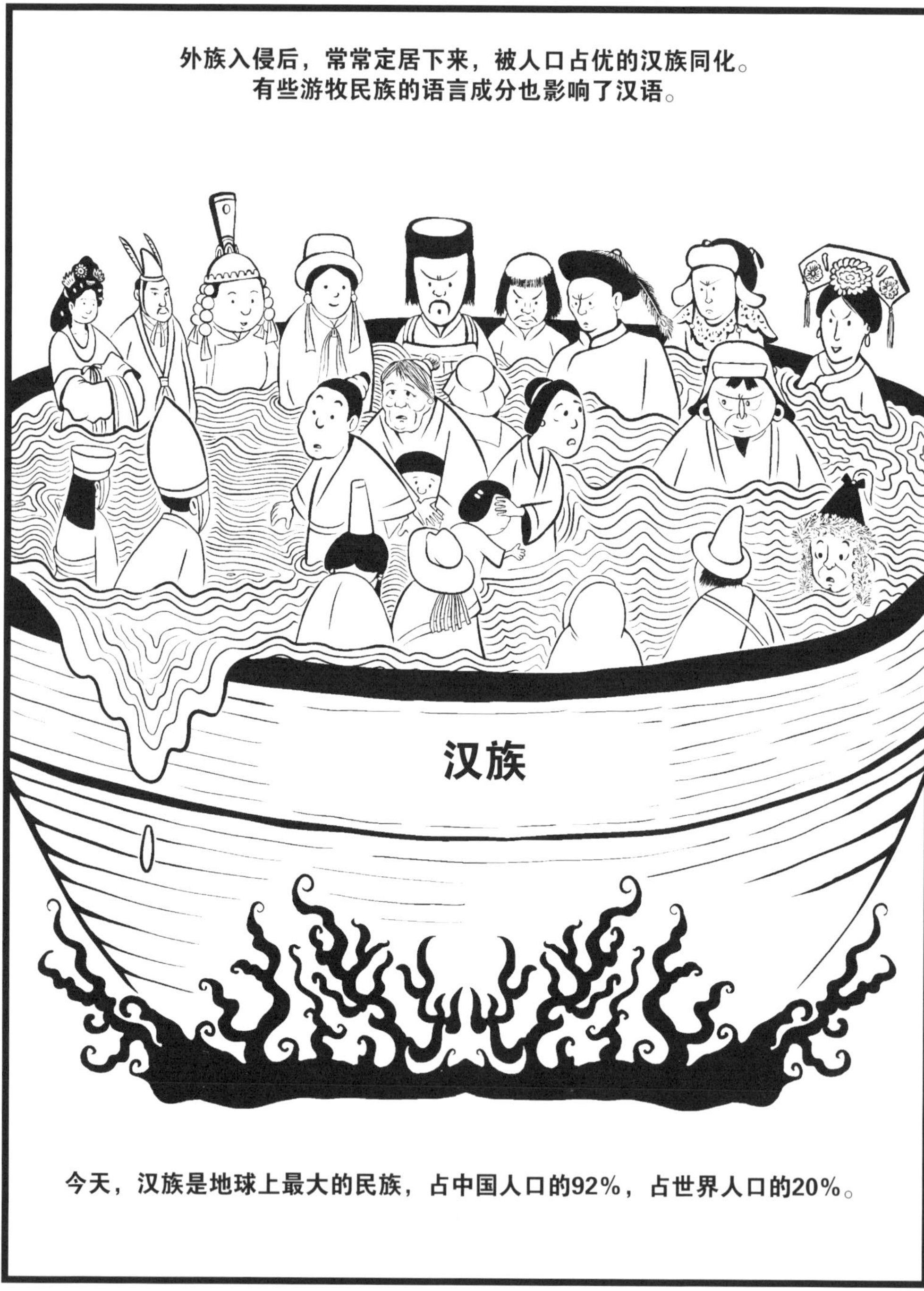
外族入侵后，常常定居下来，被人口占优的汉族同化。
有些游牧民族的语言成分也影响了汉语。
汉族
今天，汉族是地球上最大的民族，占中国人口的92%，占世界人口的20%。

统一集权

在将近一半的历史时期里，这个农业古国拥有统一的政权。

当一个统一的王朝崩溃
时，暴力狂潮席卷全国，
造成巨大的生命损失。

多达2/3的人口会在朝代更迭中消亡。

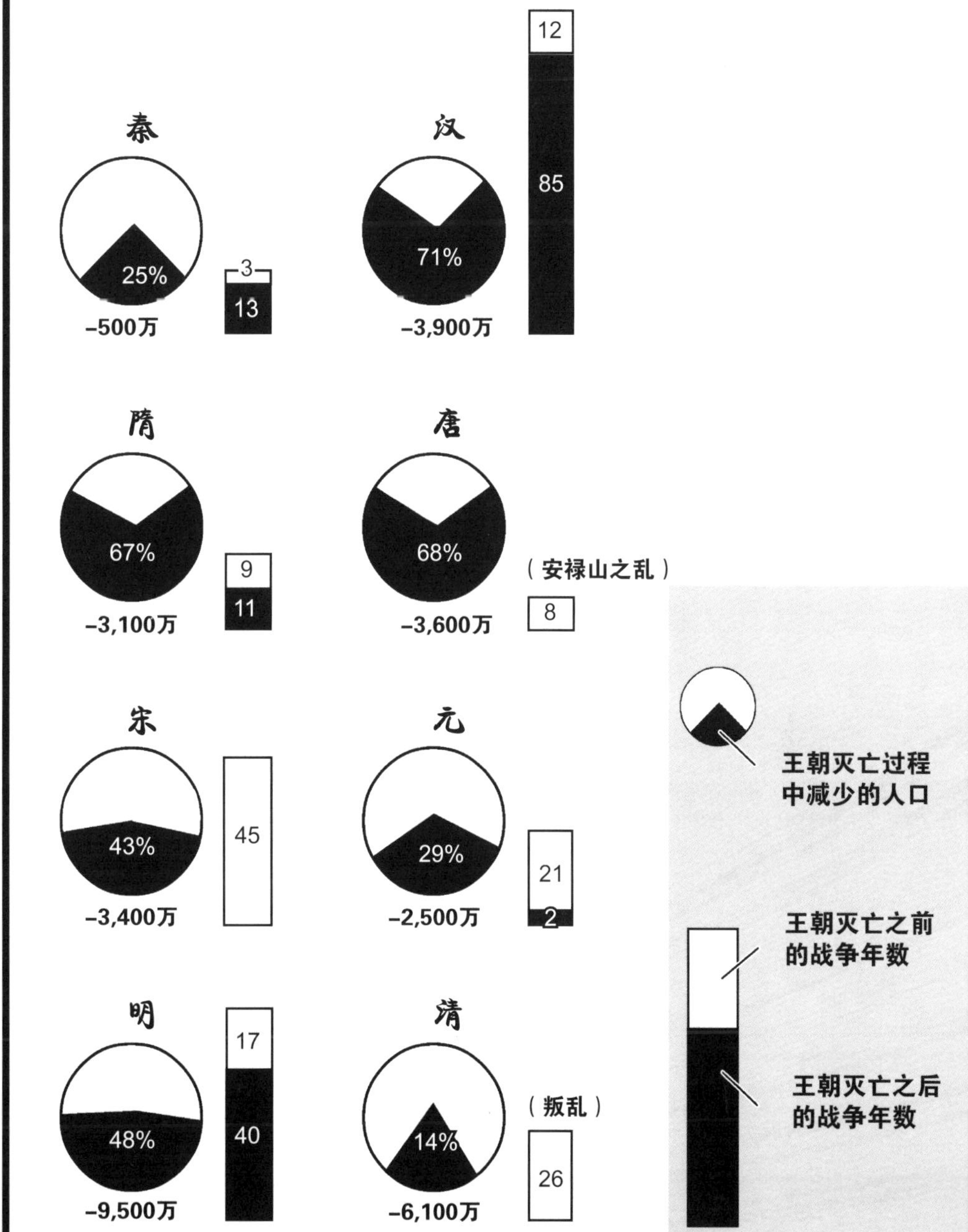

中国人从哪里来?

能在这片土地上生存下来
的到底是些什么人？
让我们从头说起。

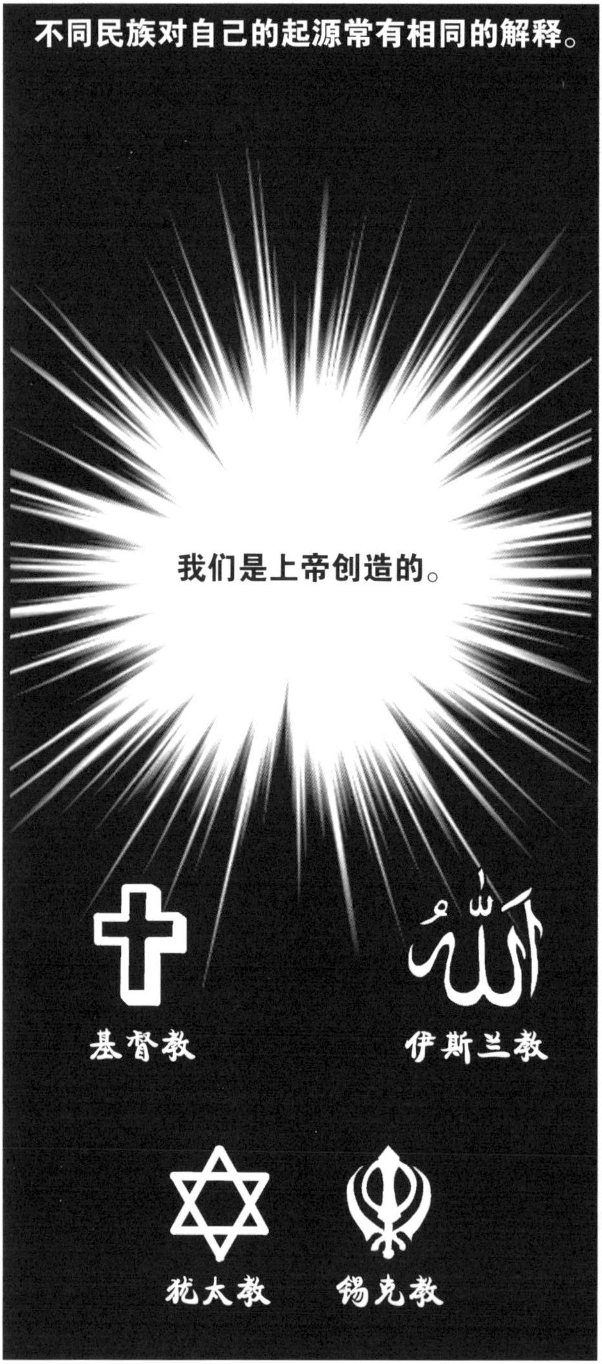
不同民族对自己的起源常有相同的解释。
我们是上帝创造的。
基督教
伊斯兰教
犹太教
锡克教

中华民族的先人们不相信超自然的造物主。
中华文明是伟人创造的。

传说中，一场大洪水过后，只有一对兄妹伏羲和女娲幸存下来。
这两个人成为所有中国人的祖先。
伏羲教他的孩子们钓鱼、狩猎和做饭。
他们的后代之一，神农开创了农业。

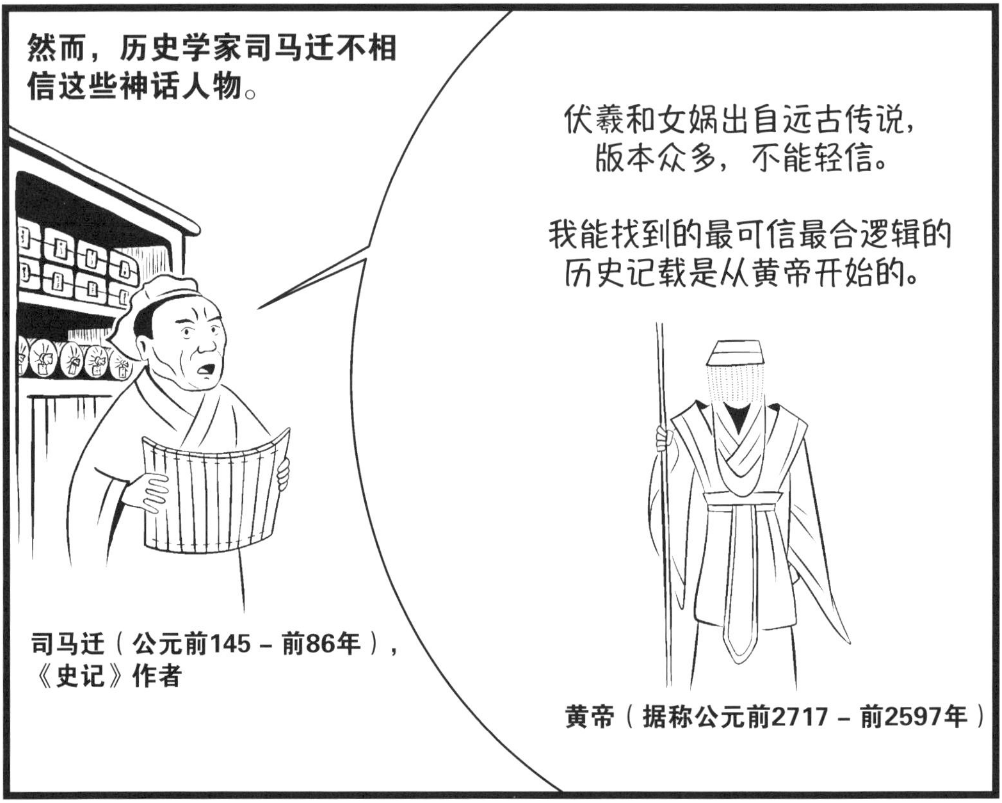
然而，历史学家司马迁不相信这些神话人物。
伏羲和女娲出自远古传说，版本众多，不能轻信。
我能找到的最可信最合逻辑的历史记载是从黄帝开始的。
司马迁（公元前145－前86年），《史记》作者
黄帝（据称公元前2717－前2597年）

为了保住黄河流域，黄帝打了一辈子仗。

黄帝的继承人尧将王位传给了一位能干的官员舜。
当舜老了的时候，他指定防洪官员禹接替王位。
禹建立了夏朝
（约公元前2070 – 前1600年）。
夏
直至今天，夏朝的真实性尚存争议。
考古学家还没找到任何书面记录能直接证明夏的存在。

商朝

（约公元前1600 – 前1046年）

商朝是继夏朝之后的又一个王朝。

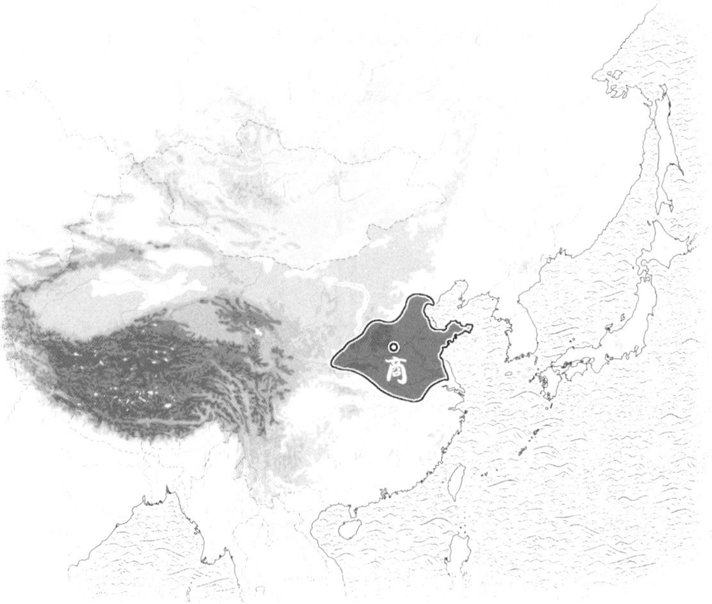

◎ 首都殷(今河南省安阳市)

文字在此时出现，商朝成为中国第一个有直接文字记载的朝代。

当时人们把字刻在兽骨或龟甲上，这种文字现在被称为甲骨文。

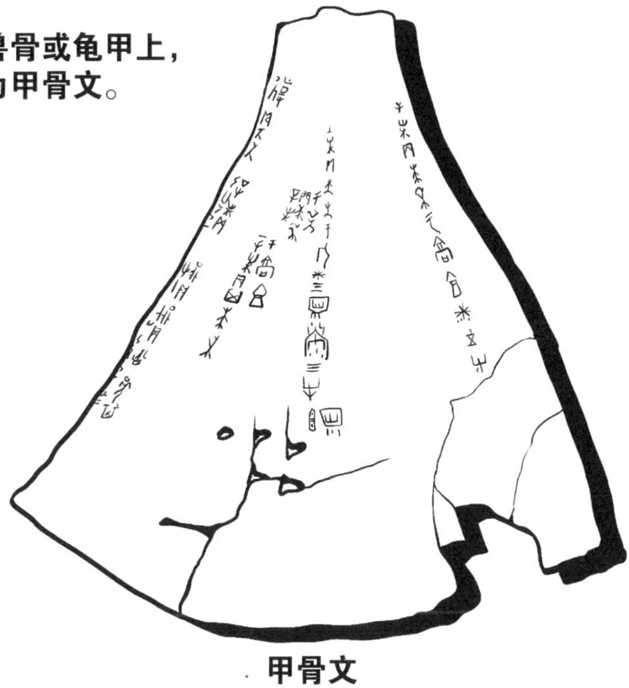

甲骨文
（约公元前1300 – 前1050年）

商王的占卜师利用甲骨文预测未来。
问问老祖宗在天之灵。
商王武丁
（公元前1250 – 前1192年 在位）
我的妻子怀孕了，
是男孩还是女孩？
是个女孩。

考古学家可以通过甲骨文了解商代社会。

至今我们发现了15万片刻有甲骨文的骨骼，4,500多个甲骨文单字，但我们只认得其中的1/3。

一些现代汉字可以追溯到商朝。

甲骨文	现代汉字
	牛
	羊
	京
	鼎
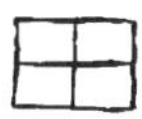	田
	木
	水

据甲骨文记载，商朝不断与叛臣和敌国交战。

公元前1046年，800多个商朝属国在周的带领下推翻了商。

周武王（公元前1046 – 前1043年在位）建立了周朝。

周朝*

(公元前1046 – 前256年)

◎ 首都镐京（今西安）

○ 东都洛邑（今洛阳）

* 周朝前期被称为西周（公元前1046 – 前771年）。

三大制度
为了巩固新王朝，周武王和弟弟周公制定了三大制度。
分封
把新征服的疆土
分封给各领主
宗法
用宗法把封地和
朝廷团结在一起
礼乐
用礼仪和庆典音
乐强化君臣等级
（周公）

封地
周王派出71名亲属和盟友到新征服的领土担任领主。
我解释一下这些制度。
你们只能带少量军队去封地。到达后，在当地征人征税，建立诸侯国。
作为回报，封地要定期向朝廷进贡。
征战时，诸侯要出兵勤王。

宗法

这是关于继承和祭祖的制度。

周朝宗族姓氏众多。

姚 | 陈 | 吴 | 周 | 赵 | 黄 | 冯 | 鲁

今天，拥有100个常见姓氏的人占中国总人口的85%，
其中许多姓氏来自周朝。

礼乐

周公负责把官制、礼仪和庆典编写成最早的法典。

- **《周礼》概述了周朝的官制。**

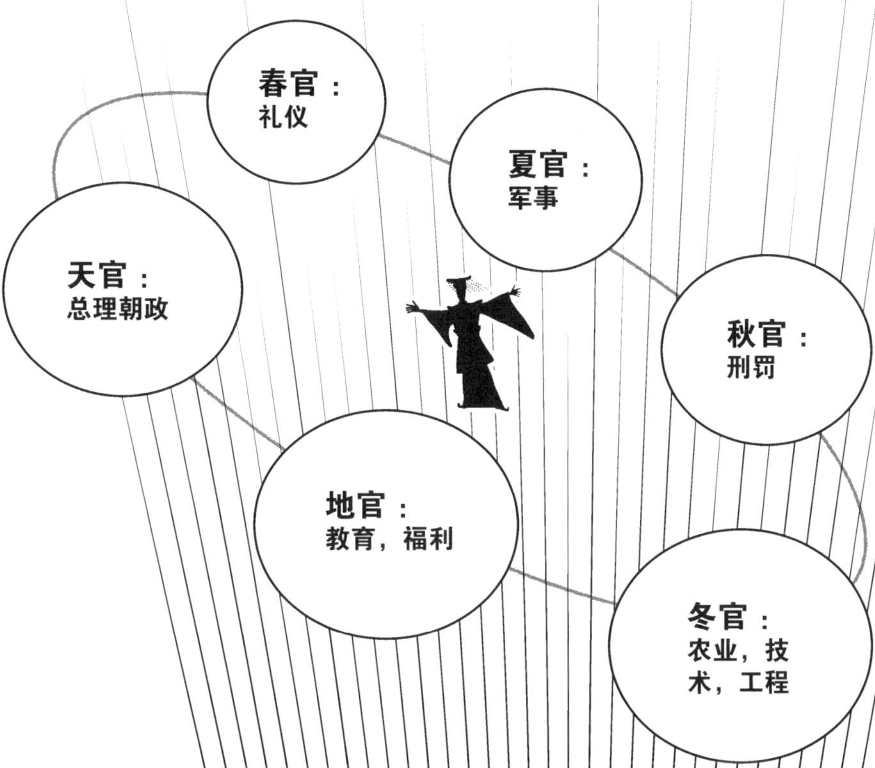

- **《仪礼》解释了庆典仪式和行为规范。**

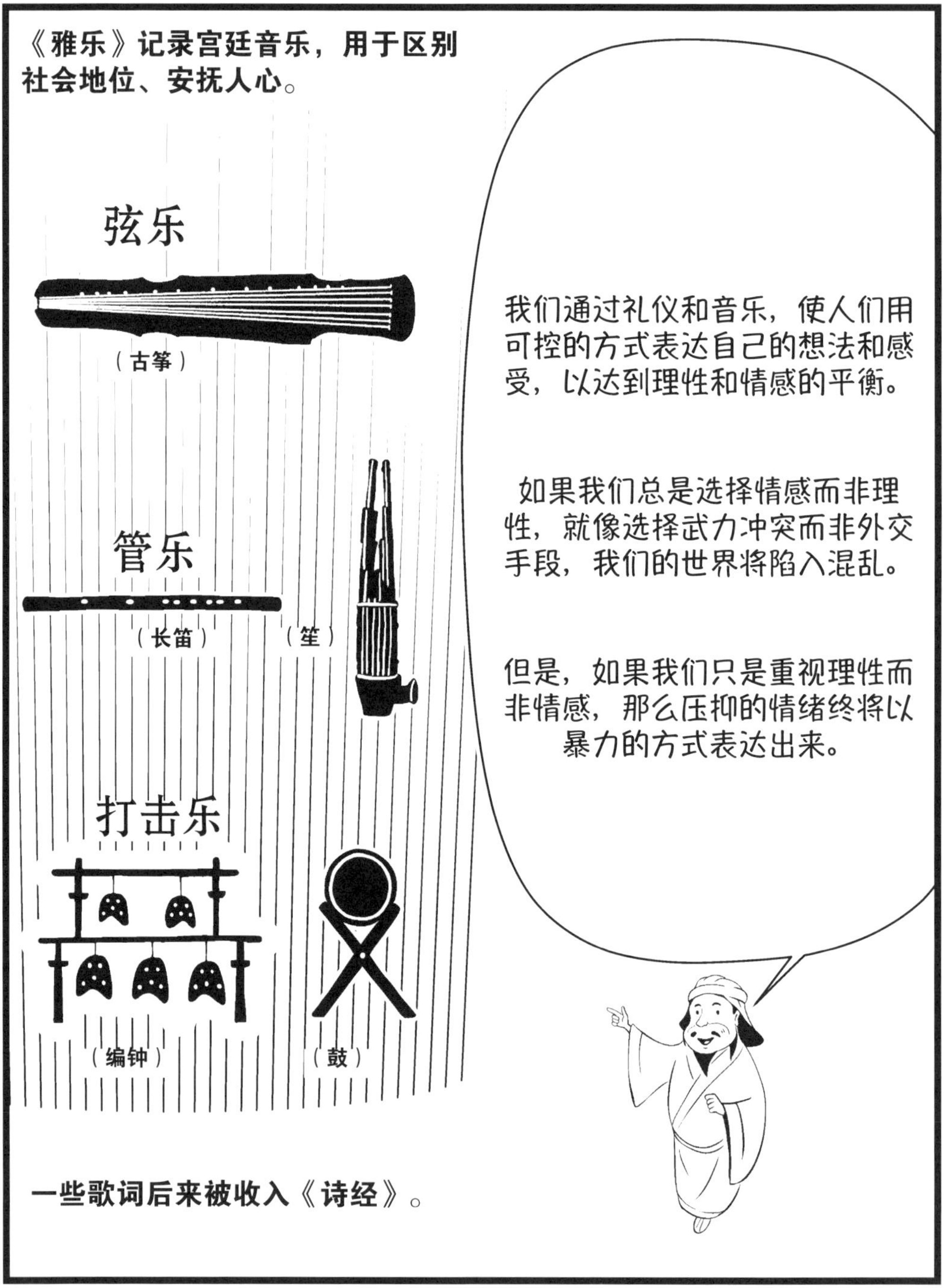
《雅乐》记录宫廷音乐，用于区别社会地位、安抚人心。
弦乐
（古筝）
管乐
（长笛）
（笙）
打击乐
（编钟）
（鼓）
我们通过礼仪和音乐，使人们用可控的方式表达自己的想法和感受，以达到理性和情感的平衡。
如果我们总是选择情感而非理性，就像选择武力冲突而非外交手段，我们的世界将陷入混乱。
但是，如果我们只是重视理性而非情感，那么压抑的情绪终将以暴力的方式表达出来。
一些歌词后来被收入《诗经》。

《易经》
身处科学尚未萌芽的时代，
周朝君臣借助《易经》来认知世界，
以求治理之道。
决策国事时，商朝借用甲骨文，
周朝则参考《易经》。

我们通过分拣50根蓍草，随机生成不同的卦。每卦有6条水平线，每条线可以是实线或虚线。
以6条线为一组，有以下64种不重样的排列组合，也就是有64卦。每卦都能够帮助我们洞察不断变化的世界。
64 卦
x 6 行/卦
= 384 行
一些史学家认为周公把每卦每行的解释都写入了《易经》。

后来的学者和政客们对《易经》的理解各不相同。
“丰“意味着扩张。我军如正午烈日般耀眼，国君应乘势东征西战！
《易经》第55卦
名称：丰
解释：亨。王假之，勿忧，宜日中。
那是在敦促我们尽快判处罪犯，并在午前执行。
这难道不是在说国君应该在中午举办祭祖仪式吗？
4
3
2
你们都错了！ 第55卦中第2、3、4行描述了正午日食。没啥可担心的。

天命

在周公留下的文化遗产中，还有一个著名的概念 — 天命。

后来的思想家扩展了这个概念。
天命 = 民意
君主看似至高无上，但他必须服从全民的利益。
在朝代变革中，天命成为普遍的呼声。
天命
君失天命，民不聊生，不得不反！
我承天命，改朝换代，以济黎民！

井田制

周朝的国君们谨遵天命，努力让每个家庭都有地可耕、衣食有靠。

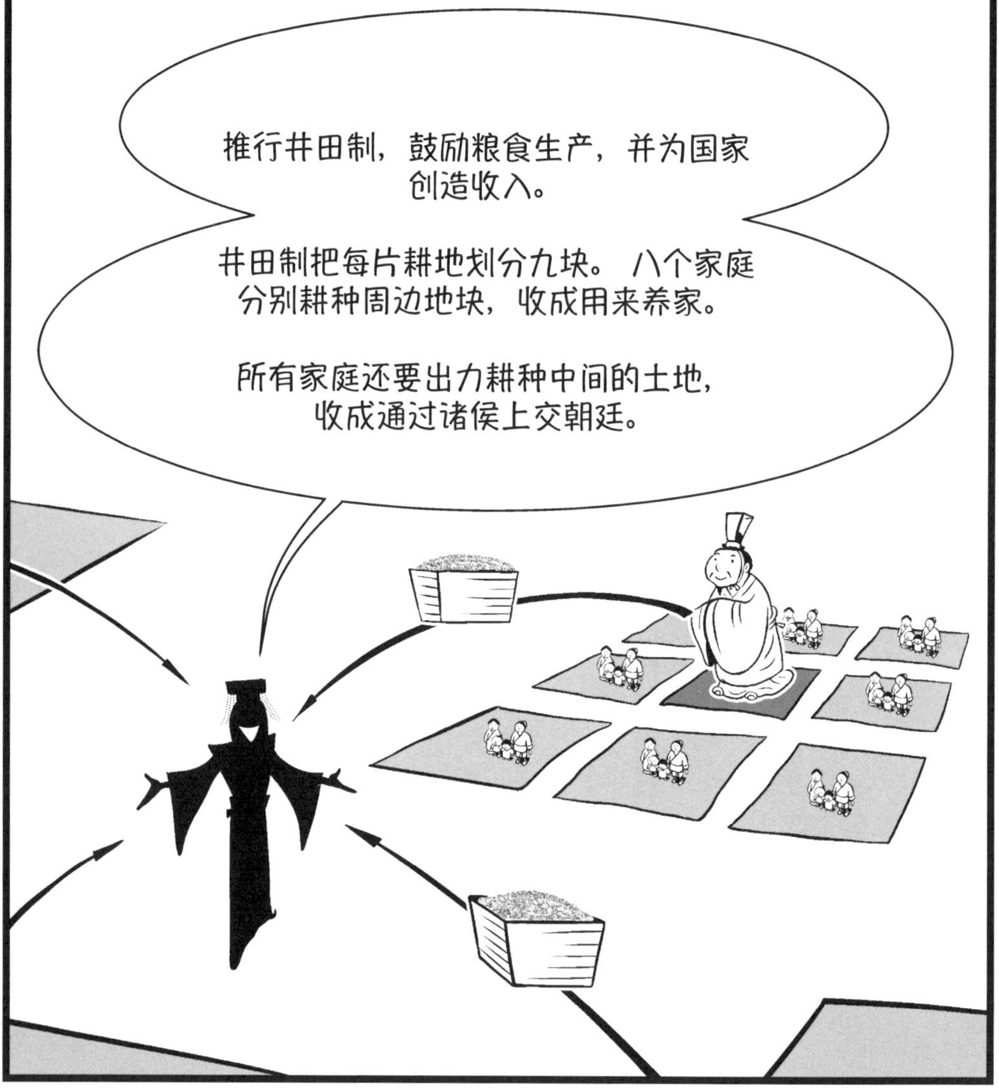

但是，井田制逐渐出现了问题。
诸侯开始截流收成，
不再足额上交。
更严重的是，人们开始使用牛拉铁犁这类新工具，
私自开垦荒地，游离在井田制之外。
这样下去，国库日渐空虚，
朝廷如何运转？怎能抵御外敌？

王权旁落
为了充实国库，周厉王试图禁止私人拥有土地。
大大小小的地主都来抵制我！
周厉王
（约公元前877 – 前841年在位）
硕硕硕鼠，无食我黍
三岁贯汝，莫我肯顾。
逝将去汝，适彼乐土。
乐土乐土，爰得我所。
大老鼠，大老鼠，
不要吃我们的小米！
多年来我们为你服务，
但你却从不关心我们的死活。
有一天我们会离你而去，
去寻找一片乐土。
乐土乐土，
那里才是我们的归宿。

周厉王执意推行自己的政策。
把反对的人统统抓起来！
堵住人们的嘴就像堵住一条河。一条堵塞的大河会冲垮堤岸，伤害很多人。

堤岸真的垮了。
公元前841年，首都镐京爆发大规模民乱。

周厉王出逃。
国君无法执政，一群贵族控制了朝廷，史称共和时期（公元前841－前828年）。

周宣王即位后，倾力恢复王权。
诸侯擅权，出兵讨伐。
周宣王
（公元前827 – 前782年在位）

周宣王之子幽王继任后，朝廷与封地之间的矛盾全面爆发。
周幽王
（公元前781 – 前771年在位）

公元前771年，一位申国侯爵攻克首都。他的孙子登上王位，开启了东周时期。
申候
（公元前？ – 前771年）
周平王
（公元前770 – 前720年在位）

东周

**东周期间（公元前770－前256年），
周王只是名义上的国君，诸侯国各自为政。**

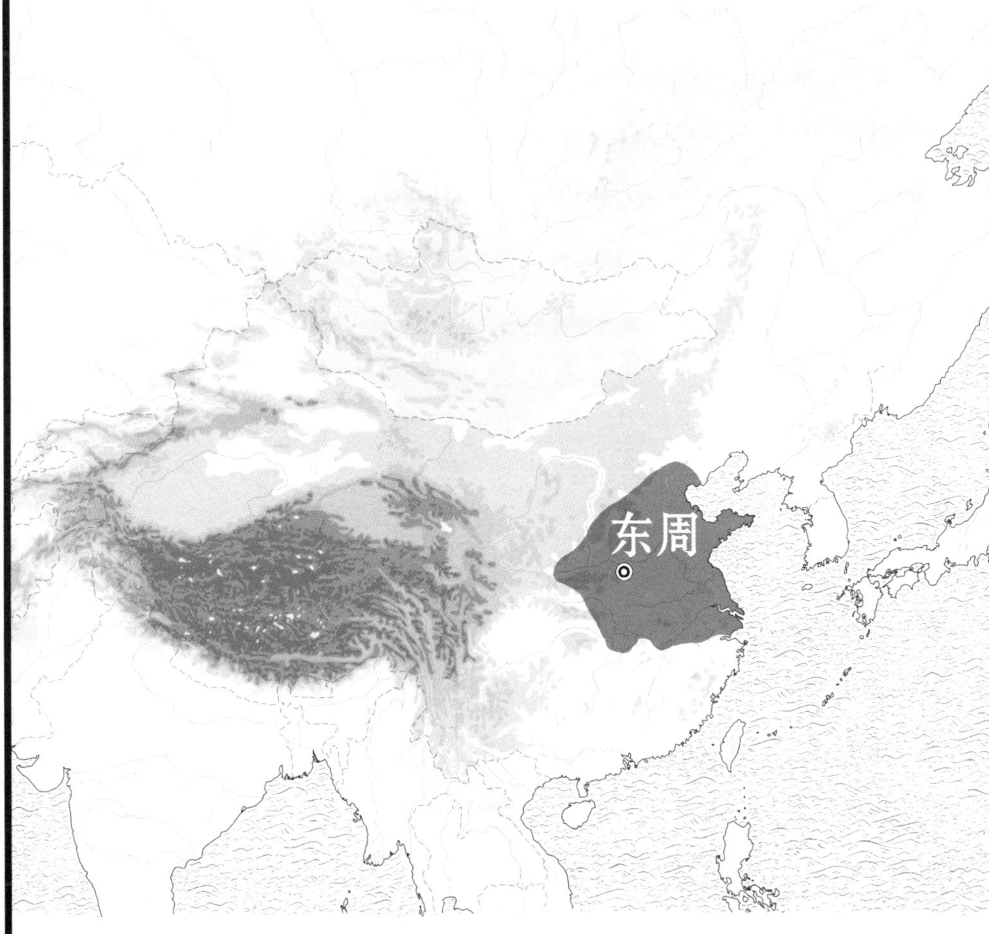

◎ **首都洛邑（今洛阳）**

东周分为两个阶段：

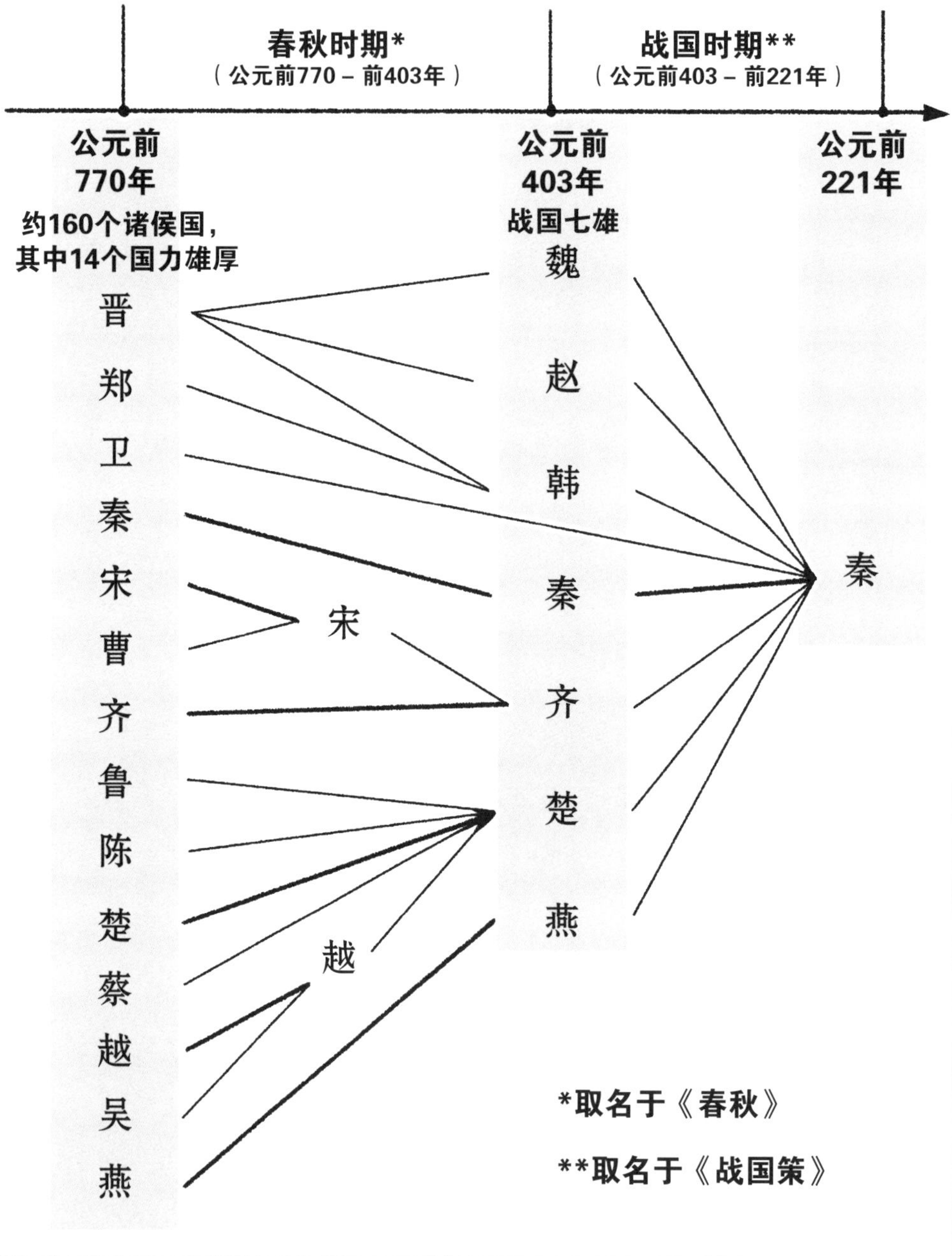
春秋时期*
（公元前770 – 前403年）
战国时期**
（公元前403 – 前221年）
公元前770年
约160个诸侯国，其中14个国力雄厚
晋
郑
卫
秦
宋
曹
齐
鲁
陈
楚
蔡
越
吴
燕
宋
越
公元前403年
战国七雄
魏
赵
韩
秦
齐
楚
燕
公元前221年
秦
*取名于《春秋》
**取名于《战国策》

冲突加剧

强国不断吞噬弱国，军事冲突急剧升级。

	春秋时期	战国时期
战争持续时间	1－10天	从几个月到5年
士兵	2－10万人	30－100万人
武器	• 精致的青铜武器 • 马拉战车 • 弓，需要训练有素的射手	• 粗糙的铁制武器，易于制造 • 骑兵 • 弩，对使用者要求较低
战场	城外开阔地	任何地方

贸易和货币的出现

很少诸侯国拥有他们需要的所有资源，于是春秋各国开始贸易交换。

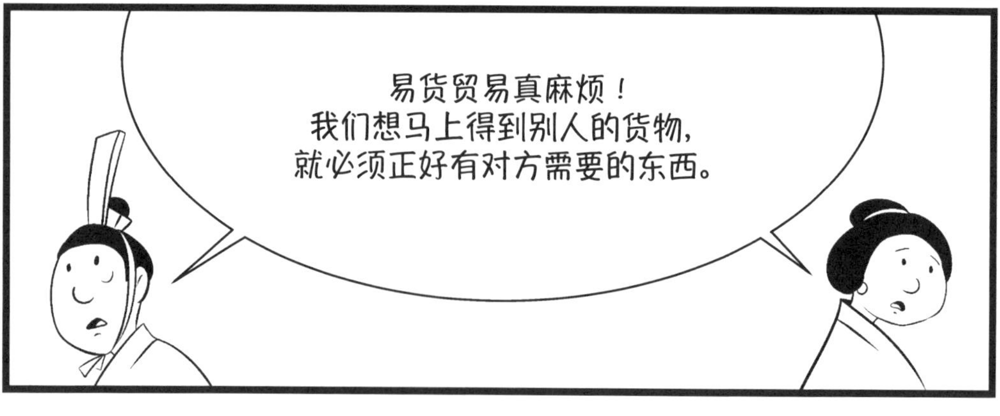

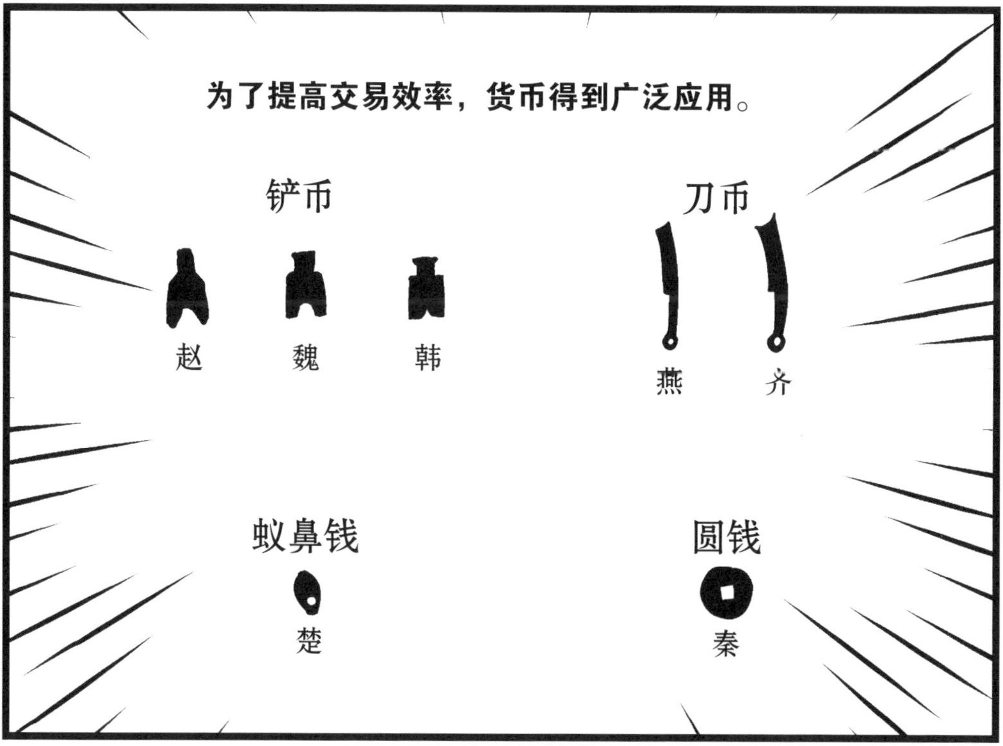
为了提高交易效率，货币得到广泛应用。
铲币
赵
魏
韩
刀币
燕
齐
蚁鼻钱
楚
圆钱
秦

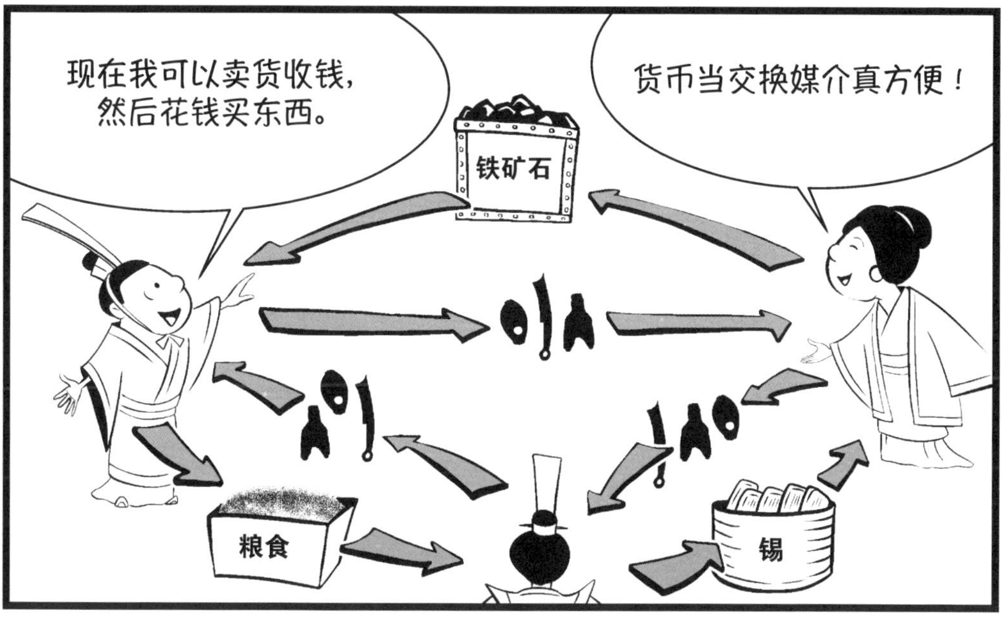
现在我可以卖货收钱，然后花钱买东西。
货币当交换媒介真方便！
铁矿石
粮食
锡

百家争鸣

东周时局动荡，少数人乘机聚财纳富，但多数人的生活变得日益艰难。诸侯兼并中，失势的贵族和官员也变得贫困潦倒。为了生计，一些前朝精英开始授课教书。在他们的带动下，春秋时期思潮活跃，百家争鸣。

儒家

道家

法家

墨家

阴阳家

名家

农家

纵横家

小说家

兵家

杂家……

当时有六家代表学派。

学派	起源
儒家	通晓经典、熟知礼乐的学者
道家	隐身而退的官员，脱离俗事，悟道修行
法家	法律和政治顾问
墨家	军官
阴阳家	炼丹术士，神职人员，医生
名家	演讲家，辩论者

诸侯们都在探寻强国兴邦之道。
如何让国家永立不倒？
儒家
一个好的社会必须从好的人开始。
为了人人向好，民众需要的是启发，而不是胁迫。
人先天善良， 造成后天不良行为的是社会本身。
一位明君应该确保人民生活小康、享受教育、成就天性。
孔子
思想家
孟子
师从孔子后人

墨家
如果任何人都能平等相待、互相关爱，社会一定能改变，人人都能收益。
需要一个赏罚分明的权威机构来督导人人兼爱。
墨子
军事专家
道家
人只是大自然的一小部分。人做的事情太多，扰乱自然秩序，社会就会混乱。
国家的力量源自每个人对自由和快乐的追求。
老子
一位神秘的哲学家
庄子
一位官员，后为隐士

法家

治国不能只靠善意，
政府需要现实的刑法制度。
国君之下，
法律面前，
人人平等。
人天生邪恶，
需要法律约束。
政府必须严惩不法行
为，保护守法臣民。
管子
国相
韩非子
贵族

当时的兵家至今仍受欢迎。

孙子

兵家的代表人物是孙武将军。
他的战略思想被收入《孙子兵法》。

孔子是东周春秋时期著名的思想家。
他可能是整个中国历史上最具影响力的人物。

孔子
（约公元前551 – 前479年）

孔子出生在鲁国一个
小贵族家庭。
当我三岁时，
父亲就去世了。
他曾是位将军。
十九岁时，孔子开始工作。
因为穷，我干过各种杂活。
替人算账
管库房
放牛羊
空闲的时候，
孔子会去求教哲人、
学者和乐师。

那是一个动荡不安的年代。
东周诸侯国之间的冲突已经持续了两百多年。

我的家乡鲁国正在衰落。
君臣争权，经济萧条，
道德败坏，传统分崩离析。
三十岁的孔子决心改变这一切。
他的举动将影响中国二千年。

我们需要一个更好的世界。
我们需要一个有序的世界。
所有的人，包括君王和子民、官员和下属、父母和子女、男人和女人，都必须接受自己的角色，同时履行对他人的责任。
这个新秩序将带来和谐与和平。

您是说我就该甘心呆在社会底层吗？
有个办法可以改变命运。
上学读书！
但只有贵族上得起学。
我认为无论财富地位如何，
任何人都可以通过学习改变自己。
我能教你，
让你日后可以为国家效力。

西周文教：

六德：

知	学识
仁	仁义
圣	尊严
义	正义
忠	忠诚
和	和善

六行：

孝	孝顺
友	友谊
睦	睦邻
姻	守礼
任	责任
恤	同情

六 艺：

礼	礼仪
乐	音乐
射	射箭
御	骑马
书	写作
数	数学

儒学：

五常：

仁　　仁义
义　　正义
礼　　礼仪
知　　学识
信　　诚信

四德：

忠　　忠诚
孝　　孝顺
节　　克制
义　　原则

五经*：

《诗经》
《尚书》
《礼记》
《易经》
《春秋》

*五大经典约207,800字，是二千年儒学的重要组成部分。

我们学习的目的，
都是为了明白一个字。
仁
理解仁的含义要从根本入手。
没有人是孤立存在的。
每个人，无论是父母子女、老师学生、上级下级，都是社会关系的一部分。
一个社会的好坏是从两个人如何对待彼此开始的。人们应该互相以仁相待。
仁并不难找，每个人天生就有。
培养仁爱之心，要记住这句话。
己所不欲，勿施于人*。
*你自己不喜欢的事，不要强加于别人。

孔子一生教过三千多名学生，
并为他们规划了人生路线。

格物

如果你学习，你理解；

致知

如果你理解，你明智；

诚意

如果你明智，你公正；

正心

如果你公正，你成长；

修身

如果你成长，你可以主持家庭；

齐家

如果你能主持家庭，你可以为国效力；

治国

如果你能为国效力，你可以改变世界。

平天下

孔子创造的教育制度，可以为政府提供知识渊博的官吏，
同时激励普通人通过学习提高社会地位。

孔子的价值观最终形成了中国传统社会的伦理核心。
今天，许多中国人仍然按照孔子自述的人生历程的来衡量自己。

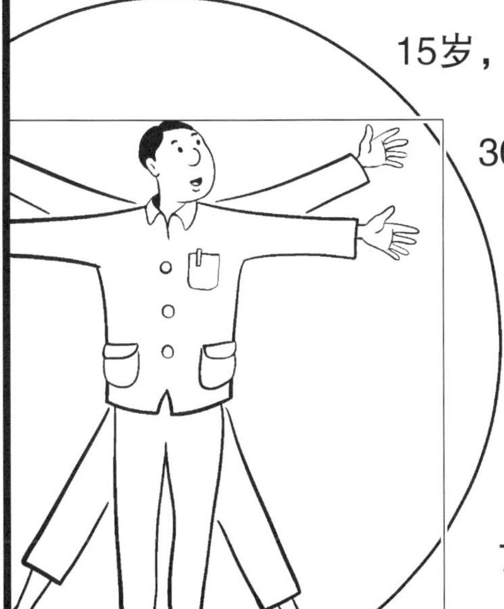

15岁，我立志学习；

30岁，我学成自立；

40岁，我遇事不惑；

50岁，我领悟使命；

60岁，我坚持正道，不畏人言；

70岁，我完成使命，心平气和。

孔子晚年遍访列国，推荐他的治国主张，但诸侯们没有采纳他的建议。
如今战火连天，我们哪有时间琢磨孔子的仁爱治国?!
在现实世界中，人自私邪恶。所以我推崇法家，以惩罚治人。
比如把五个家庭分为一组，其中一个人犯罪，所有五个家庭都将受到惩罚。

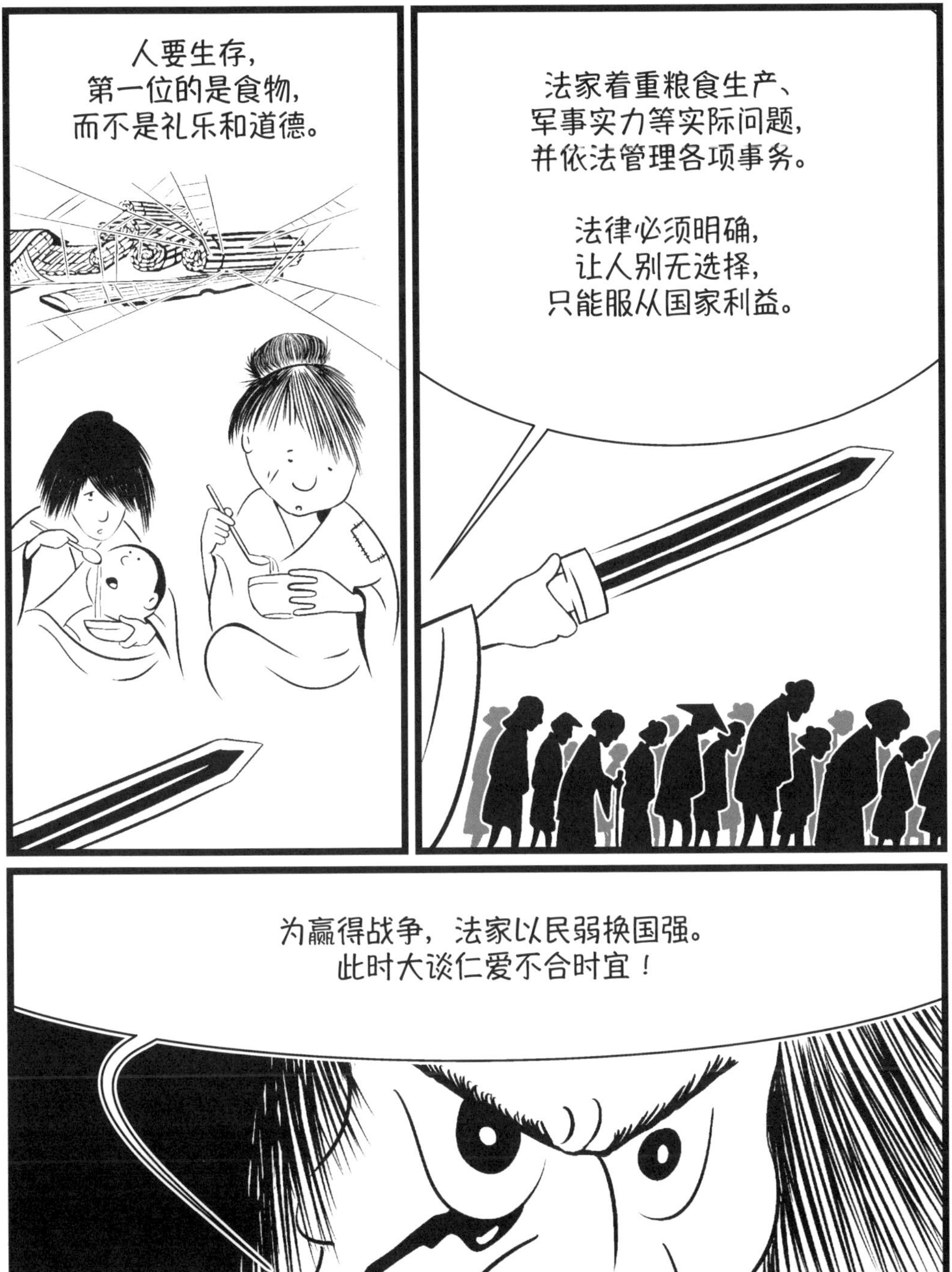
人要生存，
第一位的是食物，
而不是礼乐和道德。
法家着重粮食生产、
军事实力等实际问题，
并依法管理各项事务。
法律必须明确，
让人别无选择，
只能服从国家利益。
为赢得战争，法家以民弱换国强。
此时大谈仁爱不合时宜！

秦国的优势

东周列国大多采用法家学说，集中资源，加强军备。但地处东周边陲的秦国，坐拥群山怀抱的肥沃平原，独占优势。

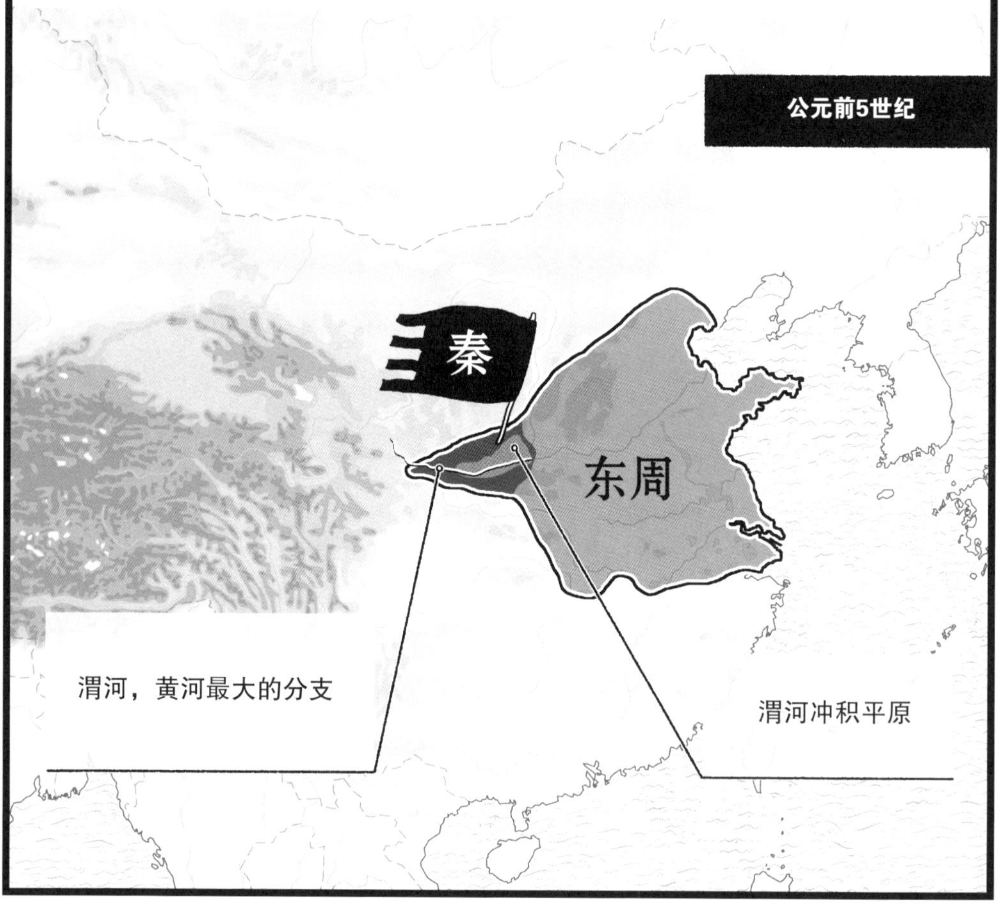

我们的地理位置
利于农业生产，
又易守难攻。
秦
秦王政
（公元前259 – 前210年）
其他诸侯却看不起秦国。
秦远离中原文明，
与境外野蛮人为邻。
秦的经济和
文化都不发达。
秦国民风朴素，看似落后，
法家政策却容易推行。
中原各国文明华丽，
但他们的改革总受各方利益制约。

一种新的作物也加速了秦国的崛起。
小麦
战国时期，小麦从西亚传到中国，逐渐代替小米成为主食。
小麦比我们以前种的小米产量高。
小米
小麦
人们用石磨将小麦磨成面粉。
现在我们可以做面条、饼、饺子和馒头！
军队的伙食比以前好多了！

公元前246年，秦国开建郑国渠，历时十年完成了这项当时最大的水利工程。

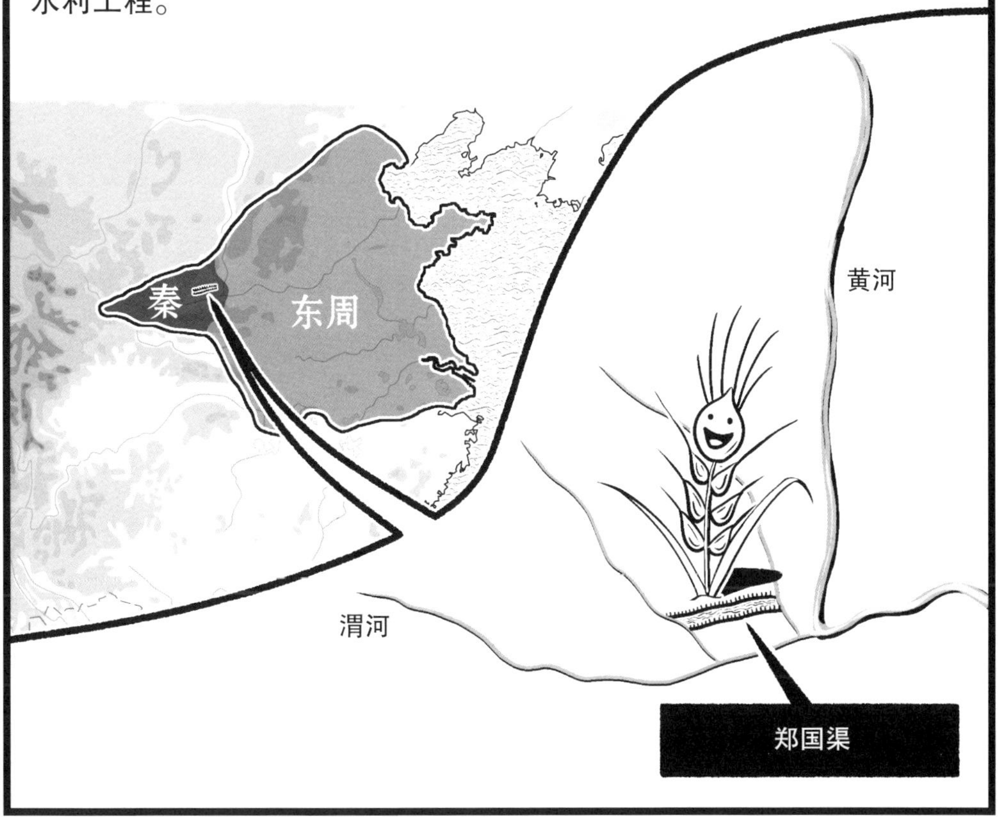

郑国渠提高了秦国的小麦产量。
秦的耕地和人口占列国总数的30%，但我们创造出60%的粮食和财富！
各国民众慕名前来，进一步增加了秦的实力。

秦军百万之众，雄居列国之首。统一中国，时机已到！
秦

秦朝
(公元前221 – 前206年)
末代周王于公元前256年去世，
秦随即占领都城洛邑，
结束了近800年的周朝。
燕
5
赵
6
2
魏
齐
3
秦
1
韩
4
楚
秦军开始横扫六国。
1. 韩： 公元前230 – 前229年
2. 赵： 公元前229 – 前228年
3. 魏： 公元前225年
4. 楚： 公元前224 – 前223年
5. 燕： 公元前226，前222年
6. 齐： 公元前221年

近十年的战争夺去两百万士兵的生命，秦最终获胜，成为中国历史上第一个统一的王朝。
公元前221年，秦王政改称秦始皇。

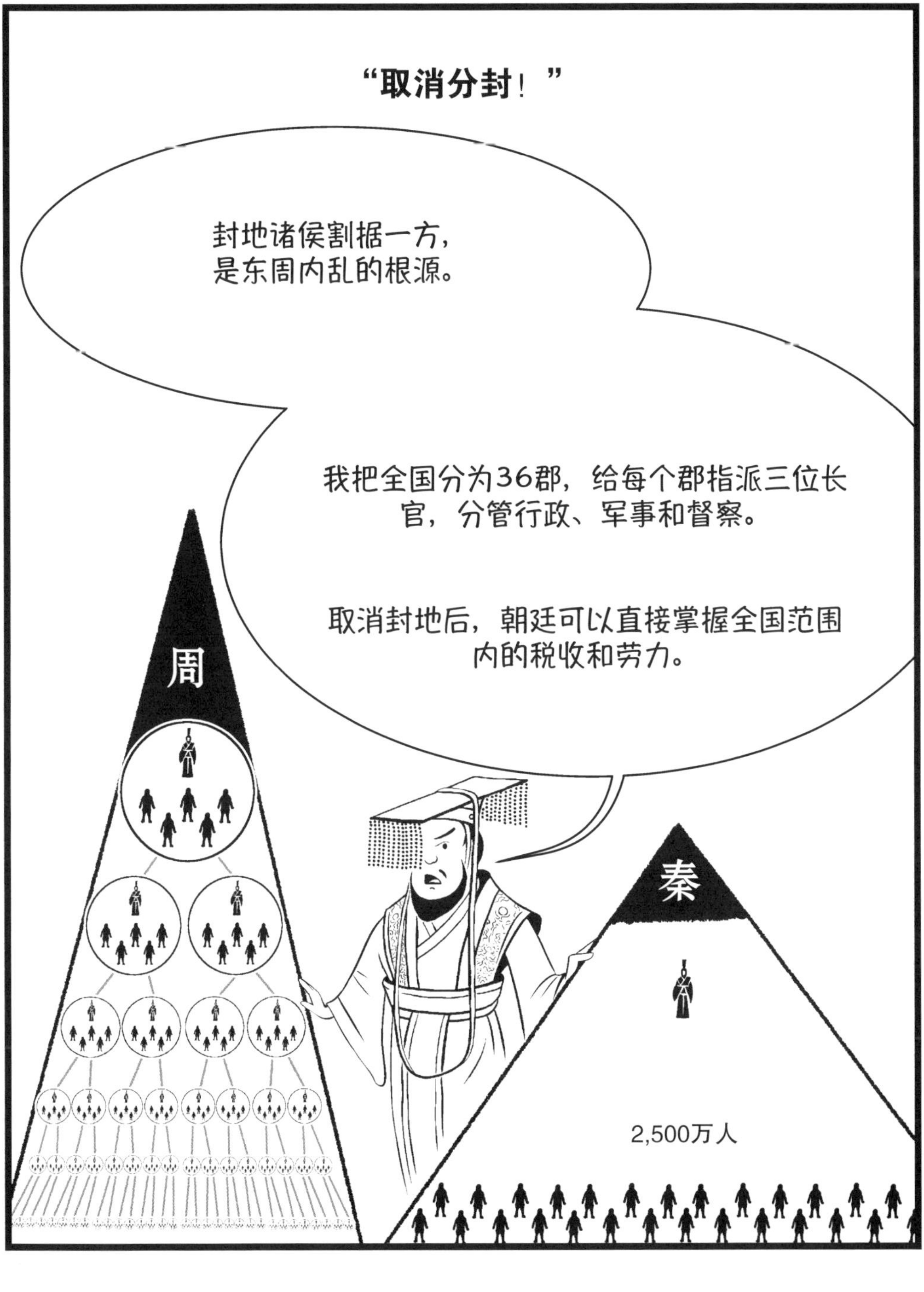

“取消分封！”
封地诸侯割据一方，
是东周内乱的根源。
我把全国分为36郡，给每个郡指派三位长
官，分管行政、军事和督察。
取消封地后，朝廷可以直接掌握全国范围
内的税收和劳力。
周
秦
2,500万人

效率帝国

为提高行政效率，秦朝统一了文字、货币和度量衡。

文字：

秦文

战国时期的文字

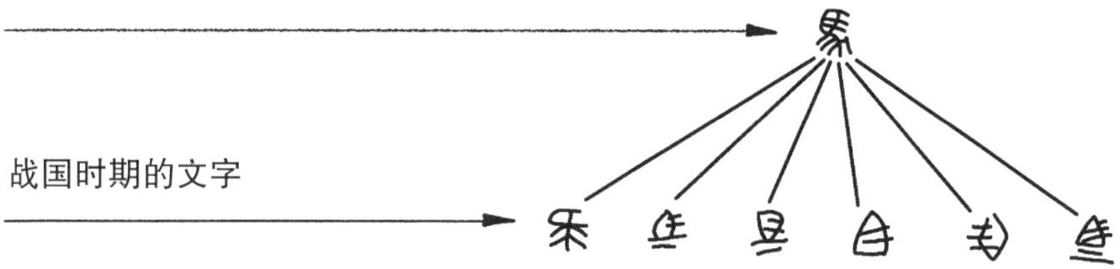

齐 楚 燕 韩 赵 魏

货币：

秦币

战国时期的货币

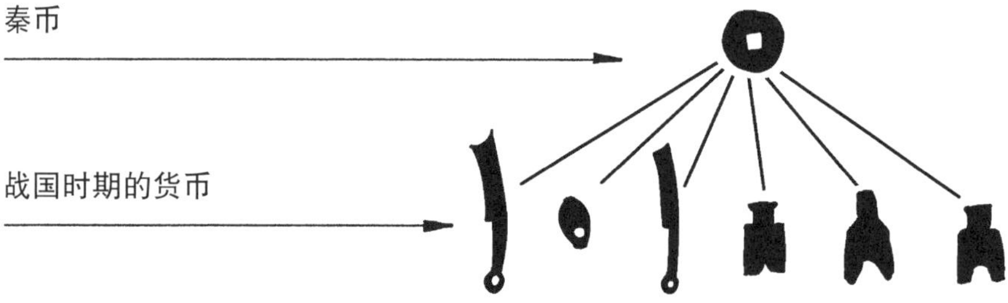

齐 楚 燕 韩 赵 魏

测量单位：

度量衡沿用秦制

人们的想法也应该统一。
如果每个人都对国家说三道四，
国策如何执行？
从现在起，所有学校必须教授官方课程，
老师必须是秦朝官员。
法家和实用题材之外
的书籍必须烧毁。
公开抗拒法家者将与
家人一起受刑。

浩大工程

在严刑峻法之下，秦朝完成了多项浩大工程。

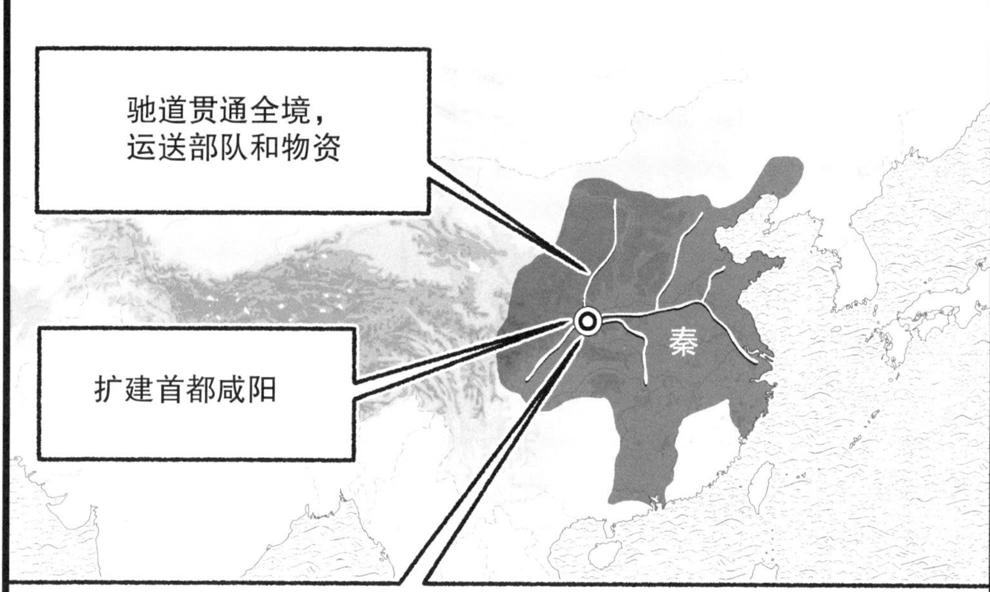

由兵马俑守卫的地下陵宫

目前出土的兵马俑大约八千件，其中兵俑真人大小，
表情和发式各不相同。

匈奴威胁与长城

秦朝北部边境一直受到匈奴部落的威胁。早期的匈奴游牧民族分散在黄河上游。一些史学家认为匈奴可能是后来突厥人的祖先。

公元前215年，秦始皇下令攻击匈奴。

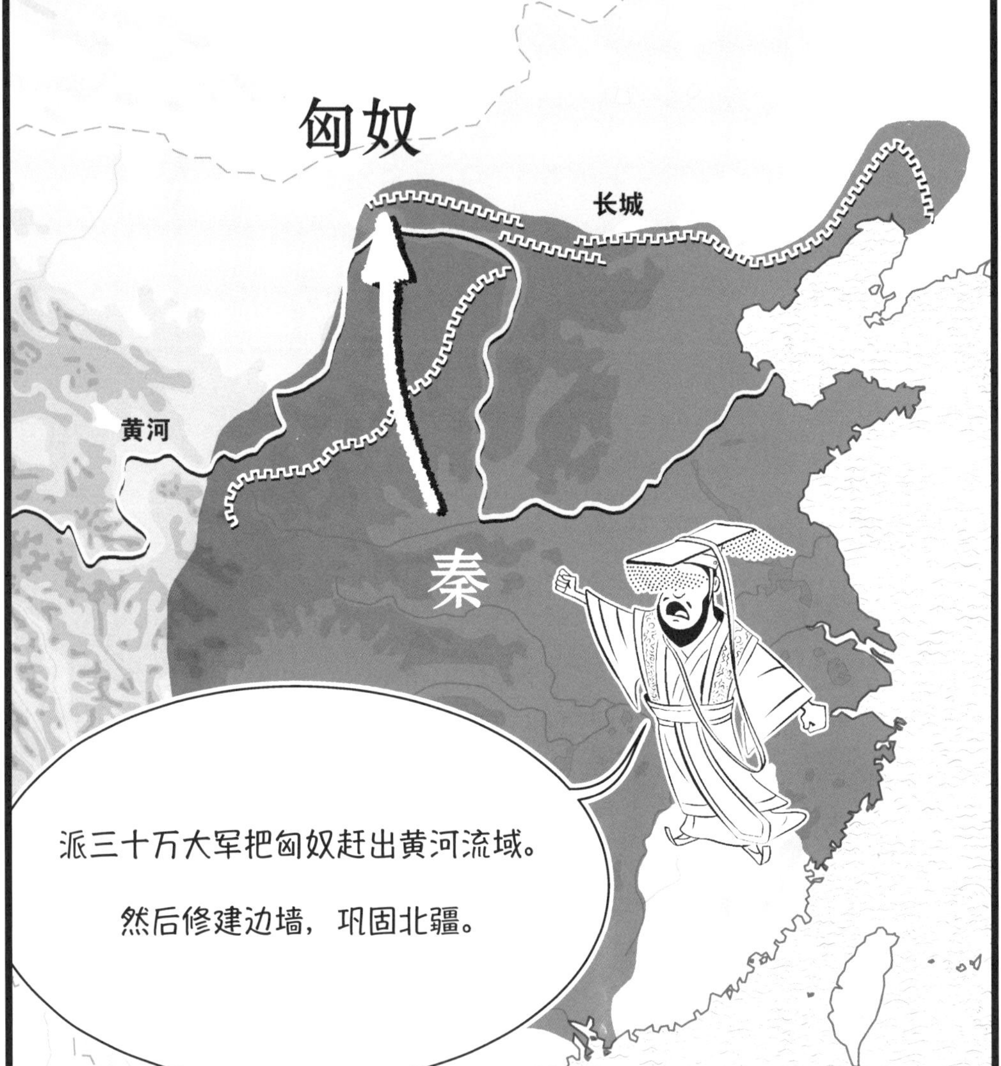

从那以后，不同朝代翻修重建了一系列的边境防御工事，
后人称之为长城。

为了对付秦长城，匈奴各部在草原上成立了一个部落大联盟。
不团结一致，就只能在塞外旷野中挨饿。
匈奴频频来犯，耗尽了秦朝的国力。

“反秦是白送命 ！”

匈奴问题还没解决，秦始皇便于公元前210年突然病逝。

朝廷立即陷入混乱。次年民变爆发。

始皇帝死后仅三年，强大的秦帝国灭亡。

公元前209年，他们奉命开赴前线，抵御匈奴。暴风雨耽误了他们的行程。
渔阳
（今北京）
秦
还要走800公里的路呢。

听好了，我是队长陈胜。

依秦律，迟到就要死刑。
不想死的，跟我一起反秦！

我们只有九百人，
反秦是白送命！
这是楚地。我自称楚王，
恢复楚国，楚民定会加入。

众人果然前来响应。
我是一位楚国
名将的孙子。
我是个不喜读书、
不务农活的治安员。
项羽（公元前232 – 前202年）
刘邦（公元前256 – 前195年）

秦军数月击溃陈胜主力。
继续东进，镇压其余叛军。
秦
巨鹿
首都咸阳
叛军地区
公元前207 年，约三十万秦军包围了巨鹿郡城。

叛军的解围部队不敢贸然出击。
只有25岁的项羽领军三万冲向秦军。
每人只发三日干粮，
然后破釜沉舟，不留后路。
我们要么赢要么死。
在盟军围观下，项羽与秦军九次交战。

秦军损失惨重。
援军无望，平叛失利，朝廷定会降罪。
干脆投降项羽吧。

趁项羽和秦军主力在巨鹿激战，刘邦挥师兵临秦都咸阳。
公元前206年，秦三世出城投降，结束了短暂的秦朝。

刘邦与项羽

胜利者把秦朝分为18个诸侯国，本以为可以相安无事。但新一轮竞争随即在刘邦项羽之间展开。

为争取盟友，双方都开出优厚条件。刘邦逐渐占据优势。公元前202年，刘邦及其盟军出兵合围项羽。

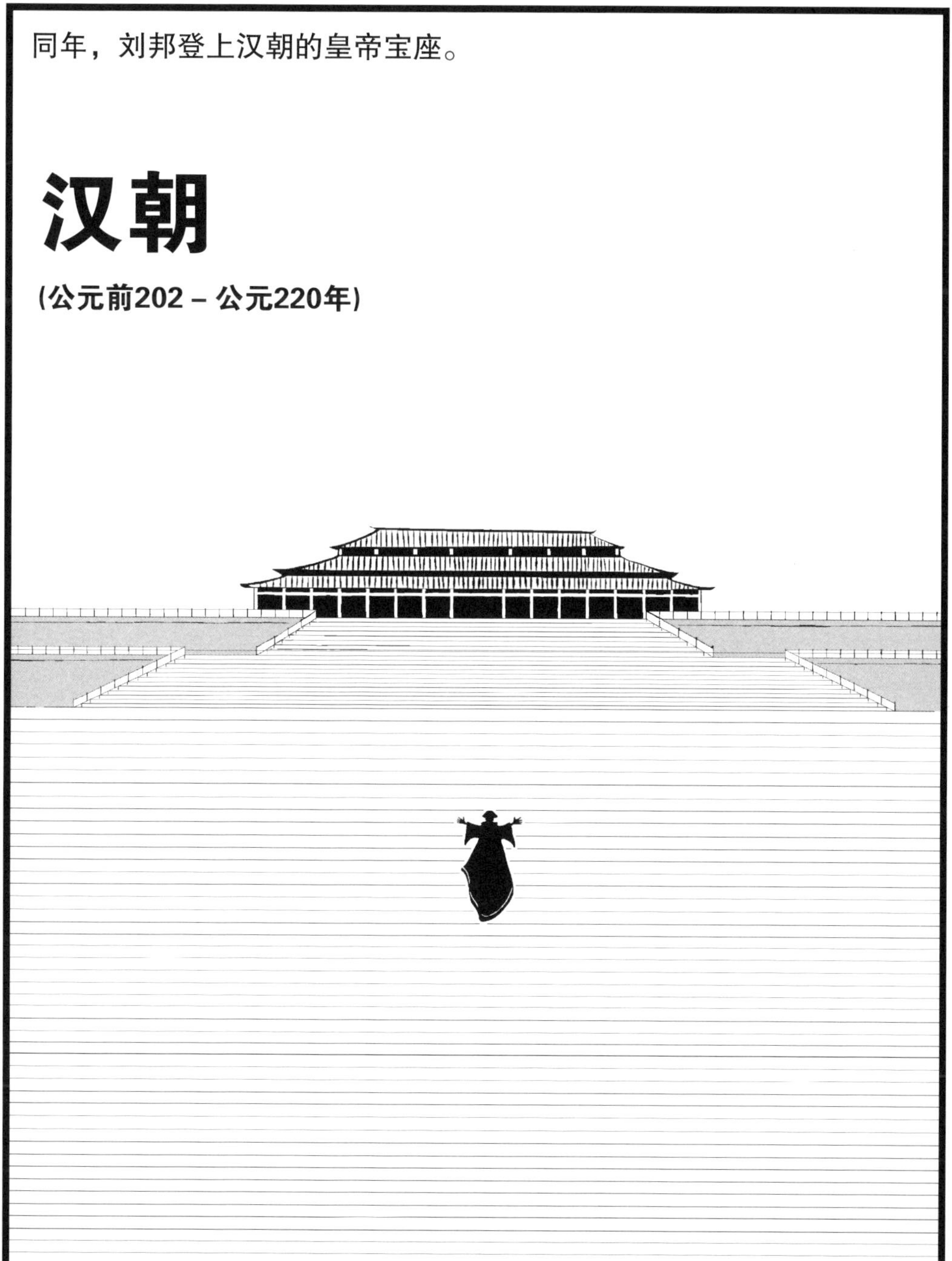
同年，刘邦登上汉朝的皇帝宝座。
汉朝
(公元前202 – 公元220年)

巩固政权
汉朝前期被称为西汉（公元前202 – 公元8年）。
西汉开国时仍然危机四伏。
匈奴
王
王
王
汉
王
王
首都长安（今西安）
秦末大乱，匈奴趁机渗入黄河流域，
威胁北部边境。
在国内，我封七位盟友为王，
他们拥有汉朝2/3的领土，
但对朝廷非全心全意。

我对诸王稍示不满，
就有人串通匈奴密谋攻汉！
我现率大军32万，
征讨叛徒和匈奴！

公元前200年，汉军大败。
匈奴有骑兵十万，
我军只有三千。
我们只能安抚匈奴。
令汉朝公主出嫁塞外，
与匈奴联姻，
再每年送给他们丝绸、
粮食和酒。

刘邦在与前盟友的交战中度过余生。
在讨伐最后的叛王时，刘邦受伤，随后在公元前195年去世。
丈夫死后，我曾摄政三位汉帝。
刘邦的妻子吕雉（公元前241 – 前180年）继承了丈夫的大权。
吕氏家族控制朝廷，刘姓诸侯拥兵各地，双方紧张对峙。

吕后死后，朝廷官员与地方诸侯合力，诛杀吕氏全族。
这个吕后推举的小皇帝也要除掉。
我们需要一个没有实力的皇帝。
公元前180年，他们把**汉文帝**（公元前202 – 前157年）推上宝座。

经济复苏

宫廷内斗并没有影响社会经济的复苏。

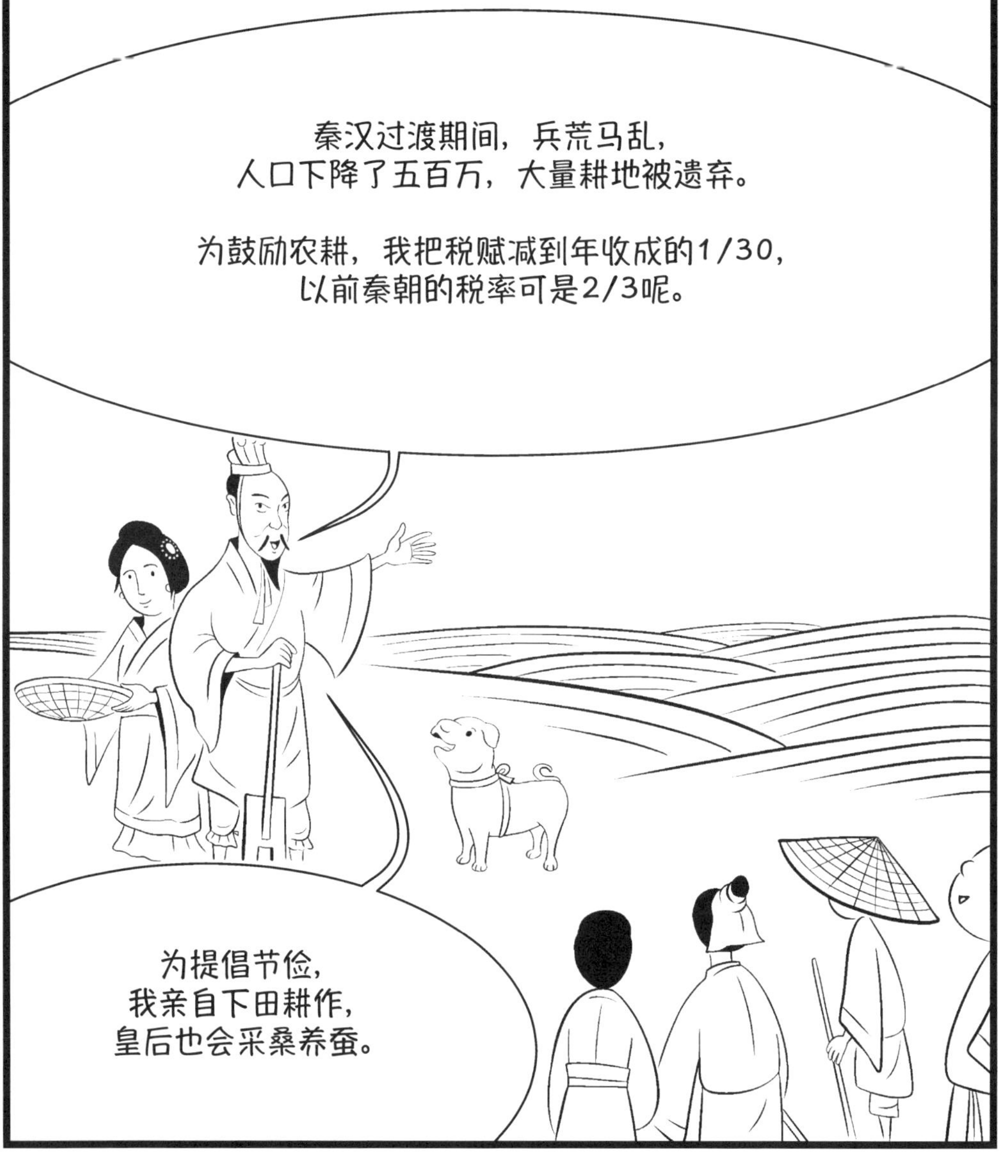

武帝的扩张

经过“文景之治“数十年的恢复，汉武帝认为加强皇权、扩张西汉的时机已到。

汉武帝（公元前156 – 前87年）

在和平时期，
孔子的理论更适合建立官制、
治理国家。
而且许多精英们早已接受儒家思想，
因为他们需要儒家的礼乐文化来显示
他们与普通人的不同。

武帝经常求教一位学者，探讨如何让儒学服务西汉。
董仲舒
（公元前179 – 前104年）

秦朝独尊法家，
而汉朝应该允许不同学派的存在。
但是，想担任官职就必须学习儒家。
朝廷会在优秀的学生中选拔官员。

儒学可以为朝廷培养
值得信赖的人才。

武帝的奶奶一直在旁紧盯。
我帮你爷爷和你爸为国家带来繁荣。我们的理念是上面少管，下面才能多办事。
窦太皇太后
（公元前？－前135年）

武帝和他的文臣们却继续推行儒家改革。

这些儒士整天白日做梦！

公元前139 年，窦太后以腐败治罪并赐死主要的改革者。
你心比天高，可连个孩子都没有。光是因为这个，我就能废除你。

皇帝的内圈

武帝的姐姐平阳公主很担心。有一天，她请弟弟来做客。

卫子夫一年后怀孕。
你救了我！我奶奶再不能因为孩子的事烦我了。

卫氏家族从此进入皇帝的内圈。
你们年轻人比那些保守派脑子灵活多了。
武帝和幕僚们绕过对手，构成一个朝中之朝。

公元前135 年，窦太后去世。汉武帝随即开始施展他的雄才大略。
首先，我要动用前人的积累，
供养一支强大的军队，
用以保卫皇权。
汉朝开国时，
军队32万，
战马3千
汉武帝时期，
军队60万，
战马60万

推恩令

公元前128年，武帝发推恩令，要求诸侯平分继承权。

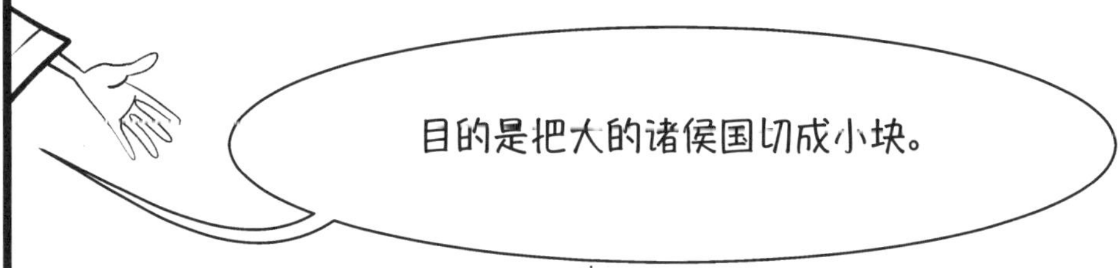

此前，
长子继承封地和头衔。

现在，
诸子平分。

推恩令下，地方诸侯国变得越来越小。几代之后，诸侯已经无法跟朝廷抗衡。

平定北方

巩固权力之后，汉武帝把注意力转向边疆，特别是北方。

武帝在位54年期间，汉军与匈奴激烈交战11次。

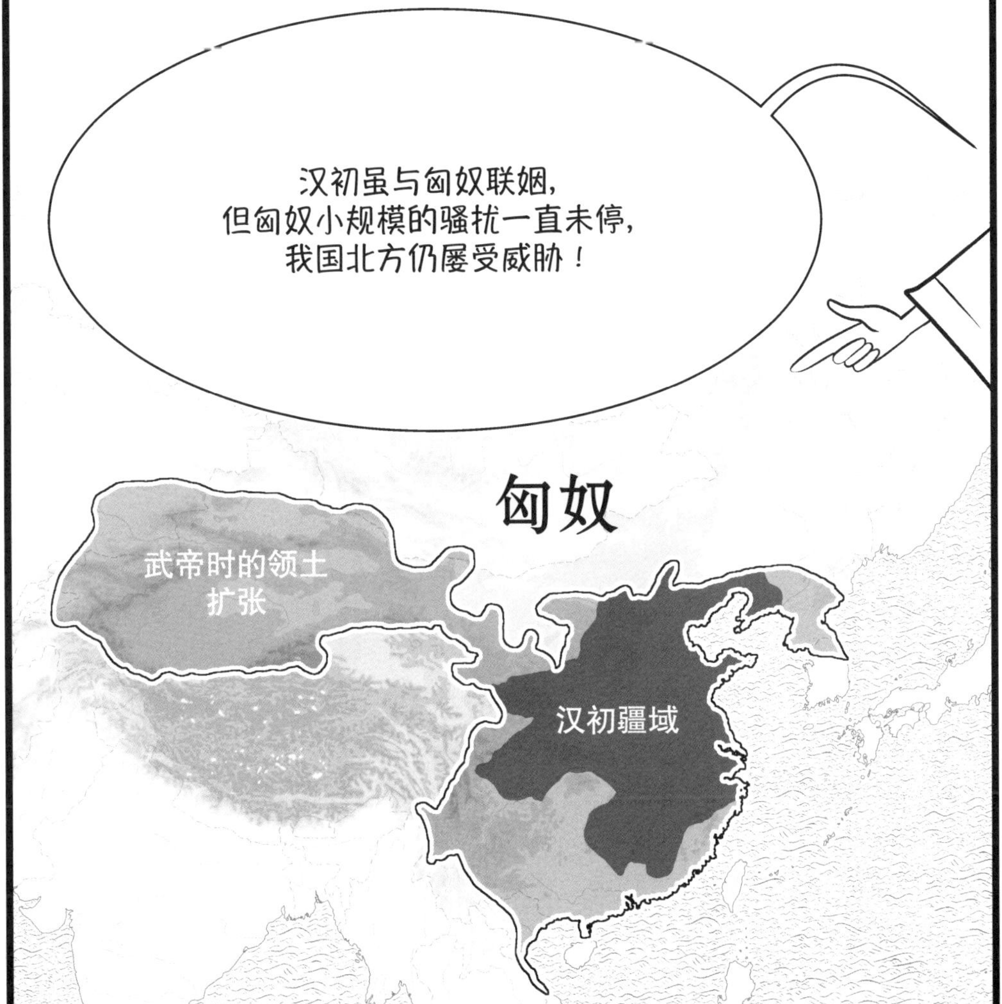

张骞与丝绸之路

战争惨烈。
公元前119年一役，
汉军灭匈奴九万，而我军伤亡相当，
还损失战马十万。
我们需要更多供给，尤其是马。
中国耕地遍布，
无处养马。
我们只能从中亚牧民
那里买马。
拿什么去买
这么多马？
丝绸！
我们可以用
丝绸换马。
张骞
（约公元前114 年）

在张骞的建议下，西汉与中亚诸国建立外交关系，以促进丝绸换马的贸易。

部分丝绸经过多个中间商，最终到达6,500公里之外的罗马帝国。这些贸易网络后来被称为丝绸之路。

李陵战匈奴
马匹沿着丝绸之路来到中国，但还是供不应求。
谁需要马？我的步兵就可以粉碎匈奴！
李陵（约公元前74年）出生在一个名将家庭
公元前99年，李陵率步兵五千深入敌境。
他们遭遇了三万匈奴骑兵……
……和八万敌军主力。

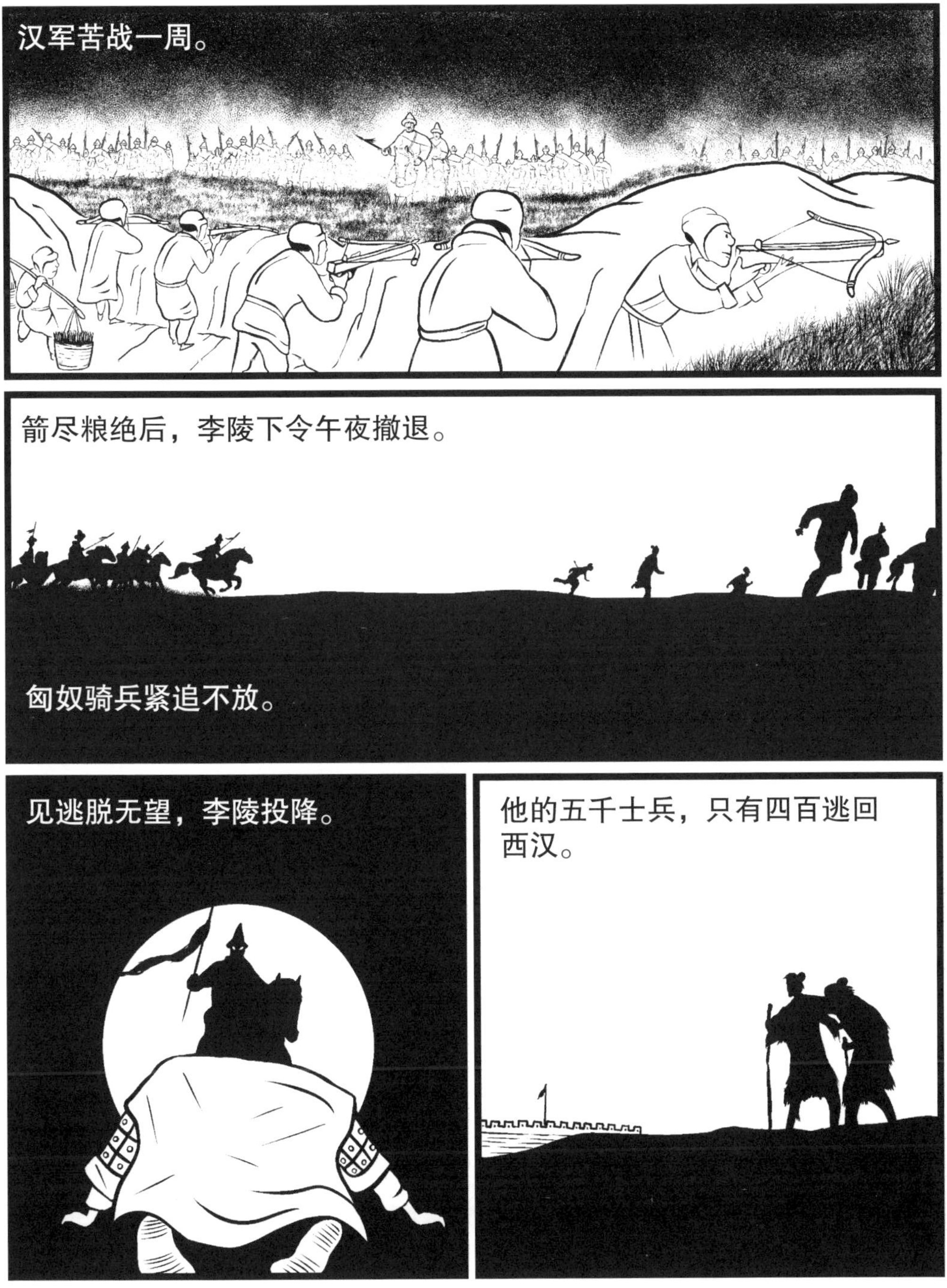
汉军苦战一周。
箭尽粮绝后，李陵下令午夜撤退。
匈奴骑兵紧追不放。
见逃脱无望，李陵投降。
他的五千士兵，只有四百逃回西汉。

中国史学之父
武帝和群臣纷纷谴责李陵。
叛徒！
我不同意。
司马迁
太史令，负责记载史事

李陵重创敌军，
最后失利是因为
寡不敌众。

你竟敢为
叛徒辩护！
判他死刑。

当时的死刑可以由罚款或宫刑替代。
我没钱…
那就宫刑，
还要蹲监狱。
三年后，司马迁获释，成为一名宫廷太监。
他利用业余时间撰写了《史记》。
《史记》记载了从黄帝到汉武帝之间两千年的中国历史，为后世编写史书提供了典范。
史記序
太史公之紀事與左
學之原委也左氏則
褒貶司馬氏則擬事
貶亦見矣故史記自
年世綿遠傳聞異辭

精疲力竭的国家

在《史记》中，司马迁描述了武帝耗费巨大的军事扩张。

- 供给线过长，发运的粮草只有1/64到达前线。
- 公元前127年， 西汉开始延建秦长城。
  汉长城长达一万公里，是历代长城中最长的一段。
- 在远征匈奴的同时，汉军还四处出击，扩展疆土。

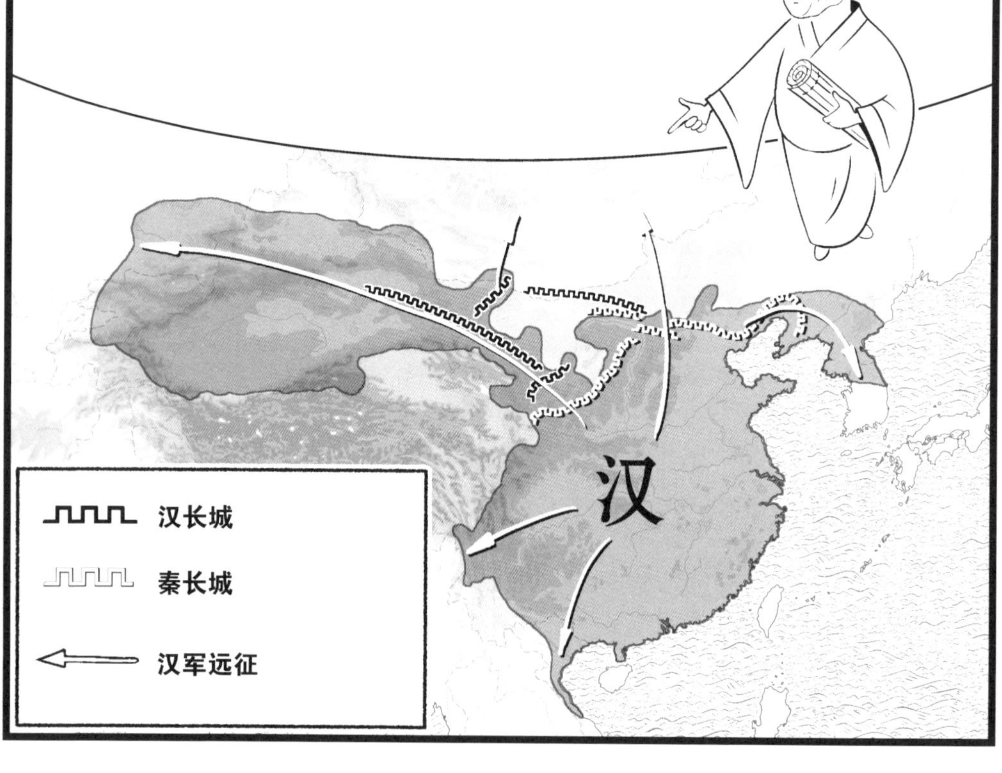

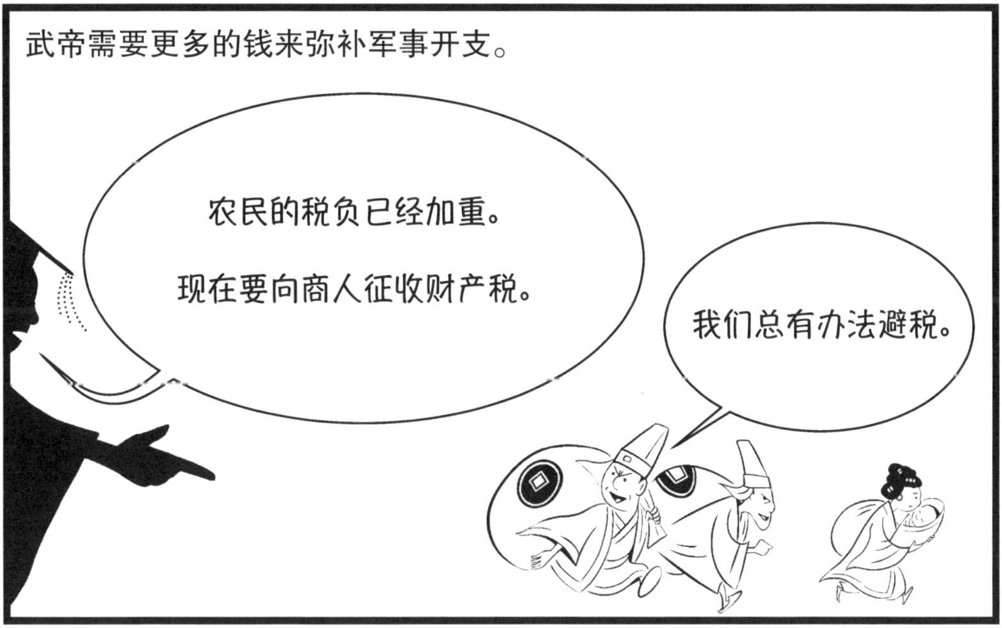
武帝需要更多的钱来弥补军事开支。
农民的税负已经加重。
现在要向商人征收财产税。
我们总有办法避税。

谁逃税，就没收谁的财产。
举报逃税者，重赏没收资产的一半。
在公元前114 – 前110年的举报运动中，大多数私有行业破产。
同时，国家垄断了粮、盐、酒、铁等重要物资的交易。

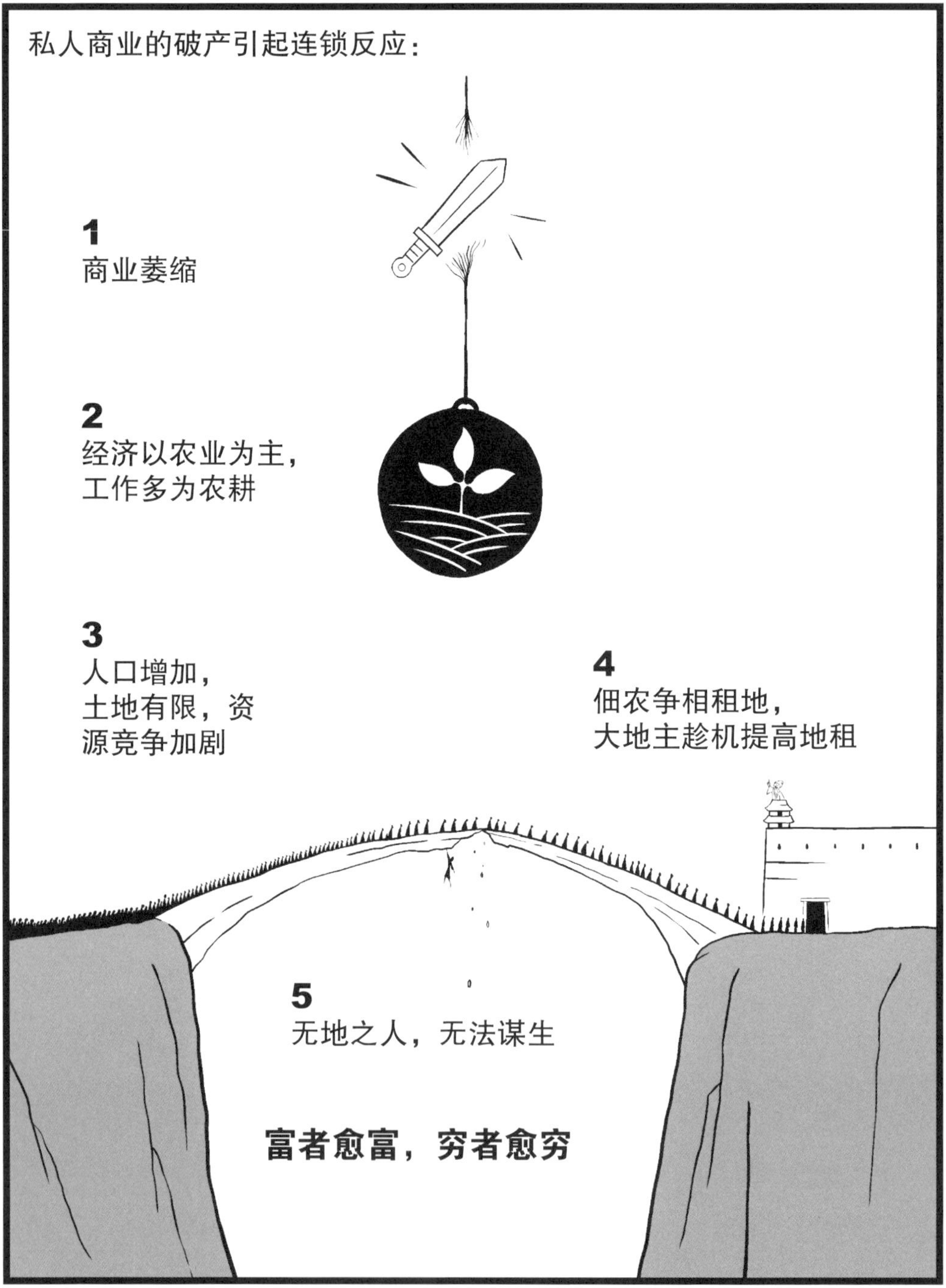
私人商业的破产引起连锁反应：
1
商业萎缩
2
经济以农业为主，
工作多为农耕
3
人口增加，
土地有限，资
源竞争加剧
4
佃农争相租地，
大地主趁机提高地租
5
无地之人，无法谋生
富者愈富，穷者愈穷

晚年时，汉武帝认识到自己的错误。
在位以来，我做事轻狂，没有理性。天下愁苦，百姓受伤。我追悔莫及呀！

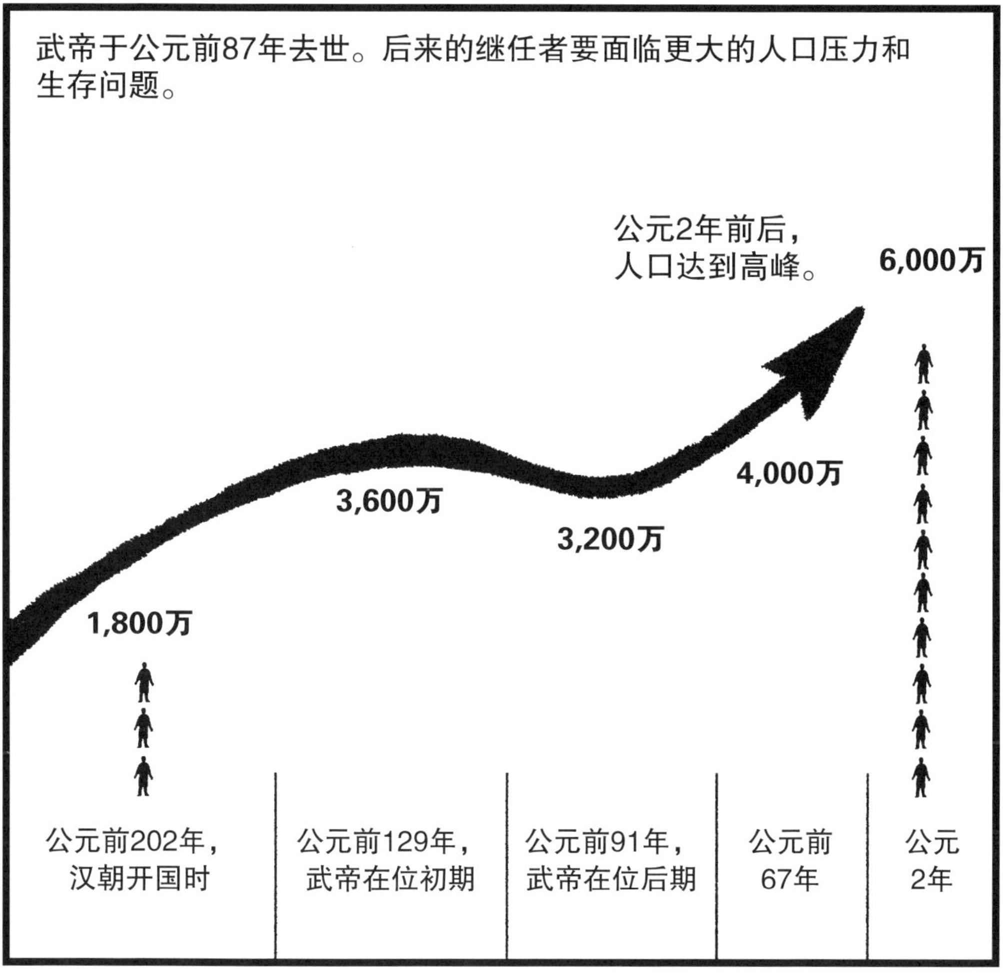
武帝于公元前87年去世。后来的继任者要面临更大的人口压力和生存问题。
公元2年前后，人口达到高峰。
6,000万
1,800万
3,600万
3,200万
4,000万
公元前202年，汉朝开国时
公元前129年，武帝在位初期
公元前91年，武帝在位后期
公元前67年
公元2年

农民的生活

西汉时期，中国农民的典型生存状况业已形成，随后千年如是。

粮食收成	粮食支出	粮食剩余（石**）
每亩年产量1.5石，年收成150石。		150
	当前税率是年收成的1/15，即10石。	140
	养活家人每年需要90石。	50

* 1亩＝666.67平方米

**1石＝约26加仑或100升

现金收入	现金支出	现金余额（文）
赶集出售余粮50石，每石卖30文铜钱。		1,500
	村里活动凑钱300文。	1,200
	每人每年花300文买衣服，总共需要1,500文	–300

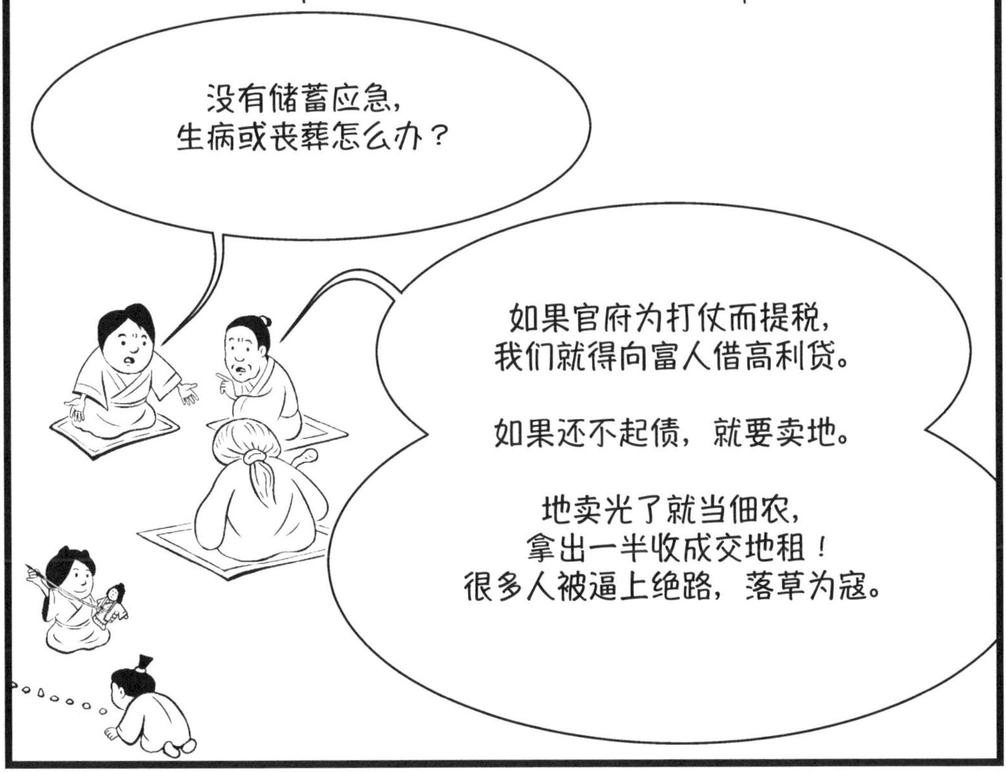

新朝及其儒家改革

贫困农民交不起税，大地主则想方设法少交税。

税收枯竭，西汉深陷困境。

王莽是位广受欢迎的政治家。
他生活俭朴。
他捐资助人。
王莽扩大太学，培养文官。
他儿子杀了仆人，王莽令其自杀偿命。

公元8年，王莽取缔西汉，建立新朝（公元9 – 23年）。
我要让这个国家再次伟大！

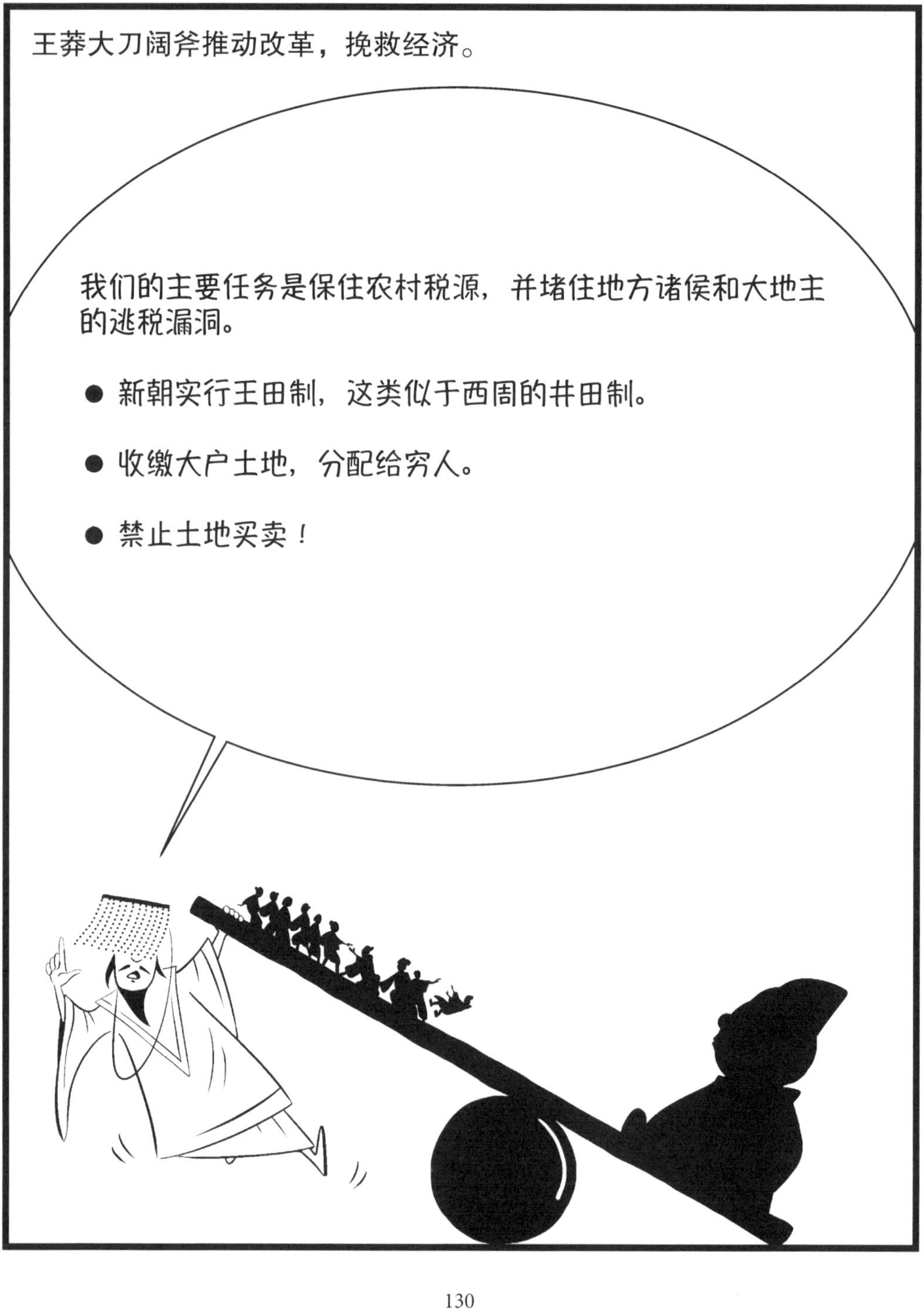
王莽大刀阔斧推动改革，挽救经济。
我们的主要任务是保住农村税源，并堵住地方诸侯和大地主的逃税漏洞。
● 新朝实行王田制，这类似于西周的井田制。
● 收缴大户土地，分配给穷人。
● 禁止土地买卖！

王莽进一步采取措施打压富豪。
富人放贷利息30%，
国家贷款利率只有10%。

特权阶级仇恨顿起。
这个篡位逆贼想
要我们的命！

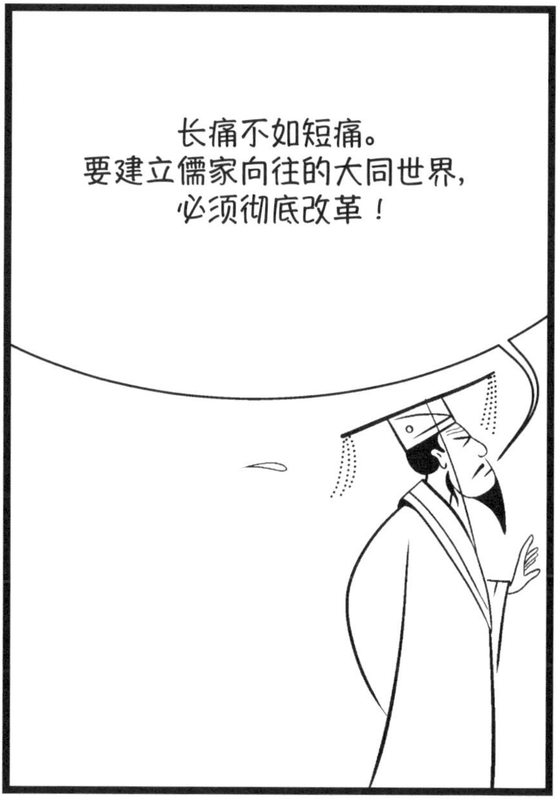
长痛不如短痛。
要建立儒家向往的大同世界，
必须彻底改革！

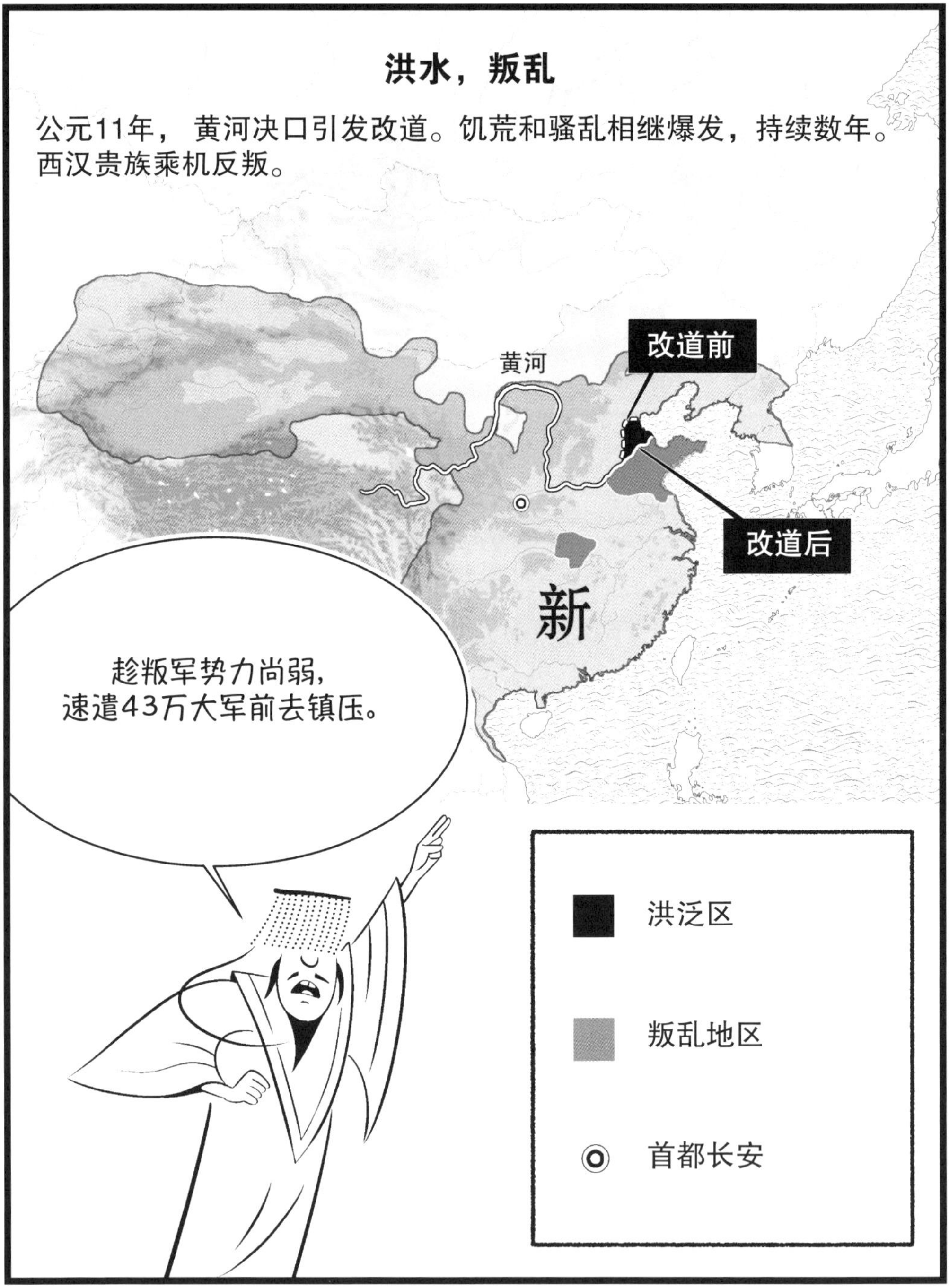
洪水，叛乱
公元11年， 黄河决口引发改道。饥荒和骚乱相继爆发，持续数年。西汉贵族乘机反叛。
黄河
改道前
改道后
新
趁叛军势力尚弱，
速遣43万大军前去镇压。
洪泛区
叛乱地区
首都长安

新朝军队包围了昆阳城中九千叛军。
太学毕业生**刘秀**
（公元前5 – 公元57年）
带队来援，从外围骚扰庞大的新军。
新军统帅亲自带队反击。
老鼠才会东躲西藏，有本事像人一样站出来！

刘秀率部突然出击。
大帅遇袭身亡！
昆阳叛军闻讯，
倾城杀出。
此时天色大变，
暴雨倾盆。
新军大乱，士兵纷
纷逃散。
新
昆阳之战震动全国，各地叛乱加剧，
新朝开始瓦解。

公元23年10月6日，
叛军攻入新朝首都。
数千名新朝臣民以死抵抗。
叛军冲进皇宫时，王莽正在读书。
上天降美德于我。
你们能把我怎样？
众人上前斩王莽首级，随后又为抢功而内讧。

汉朝中兴

王莽死后，各地反叛组织拥立数位皇帝，展开新一轮争斗。战火持续14年，夺去数以百万计的生命。

公元37年，刘秀击败所有对手，恢复汉朝，开创东汉（公元25 – 220年）时期。

收复边疆

趁中国内乱，匈奴再次控制丝绸之路。东汉花费数十年集结力量，力图收复边疆。

公元91年，东汉军队境外出击2,500公里，决胜匈奴。其远征距离为历朝军队之最。

匈奴余部向西迁移。一些史学家认为他们最终到达匈牙利，逐渐被当地住民同化。

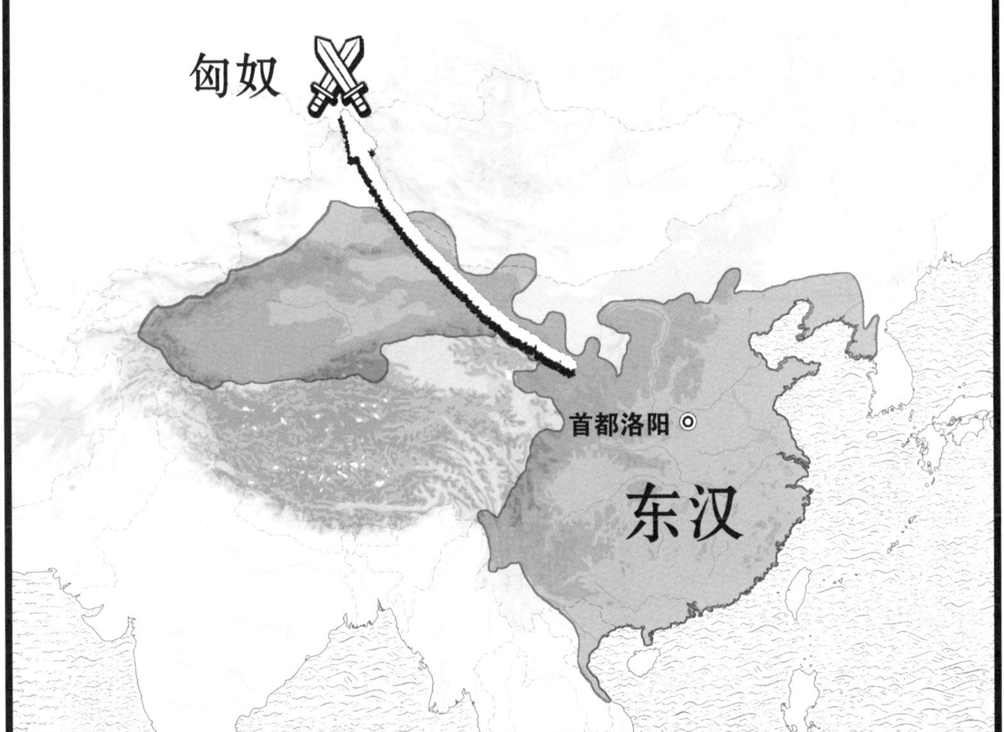

培养文官

在恢复疆土的同时，东汉还致力于重建汉朝的建制。

朝廷在首都营建了中国历朝中规模最大的太学院。

在全国各地，私立学校也生源不断。少数最优秀的学生后来成为政府文官。大多数毕业生则留在当地。
虽然没能做官，我们在当地也能找到谋生机会。
教书
调解邻里纠纷
监督社区工程
主持仪式

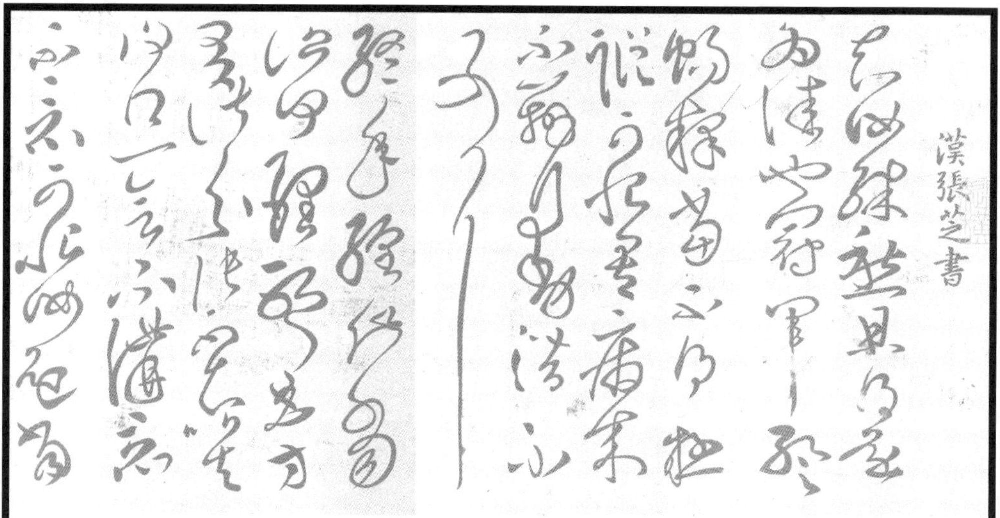

随着教育的发展，中国文化主要的艺术形式开始登场。

- 文学
- 绘画
- 书法
- 篆刻
- 收藏

烹饪艺术也开始流行。
东汉的新时尚是用筷子吃炒菜。
首先把食材切成小块。
然后在锅里翻炒。
炒菜快，几分钟就能出锅，
而且色香味美。

宫廷危机

勤奋博学的文官刚进入朝廷，就见识到宫廷的内部斗争。

除了前三位皇帝，东汉君主都在16岁以下登基。年少的皇帝往往被他的母亲及其外戚家族控制。

成年以后，皇帝经常依靠身边的宦官夺回权力。一轮又一轮争夺之后，宦官势力急剧膨胀。

造纸发明人
许多人被卷入宫廷内斗，其中就有造纸术的发明人蔡伦（63 – 121）。
蔡伦出生于贫困家庭。
儿子，你今年12岁，家里养不起你了。正好宫中有个空缺。
按照工作要求，蔡伦被阉割。
75年，他走进离家一千公里的皇宫，成为一名底层宦官。

19岁时，蔡伦接到一项与他命运攸关的任务。
审问宋贵人。
谁？
窦皇后无后，宋贵人为皇上生了个儿子，这个男孩成为太子。
皇后大怒。
现在宋贵人被控从事巫术。你去让她招供。
蔡伦再三审讯之下，宋贵人无奈自尽。
干得好！晋升你去监制御用器物。

多年以后，蔡伦开始侍奉邓皇后。
我喜欢阅读和写作，但写在什么地方呢？
皇后邓绥
（81 – 121）
造纸发明前，人们曾用不同方式记录他们的想法。
洞壁，石头，骨头，树皮，树叶，木片，竹片，
陶瓷，金属，布匹，丝绸……
汉朝人把竹片缝在一起，制成可以卷起收藏的竹简。
搬起来太沉！
105年，蔡伦发明新工艺，使用廉价原材料造出纸张。
植物纤维
破布

作为奖励，朝廷加封蔡伦贵族称号。

随着时间推移，邓皇后开始为一个小皇帝摄政。
那个男孩的奶奶就是在蔡伦审讯中自尽的宋贵人。

邓皇后121年去世，蔡伦知道自己也时日无多。
速去监狱报到。

他洗完澡，穿好丝袍，喝下毒药……

消亡的开端

蔡伦死后，宫廷斗争变得更加血腥。

汉灵帝（156－189）在位时期，外戚与宦官之间的对决蔓延到太学院。169年，数万学员上街示威。

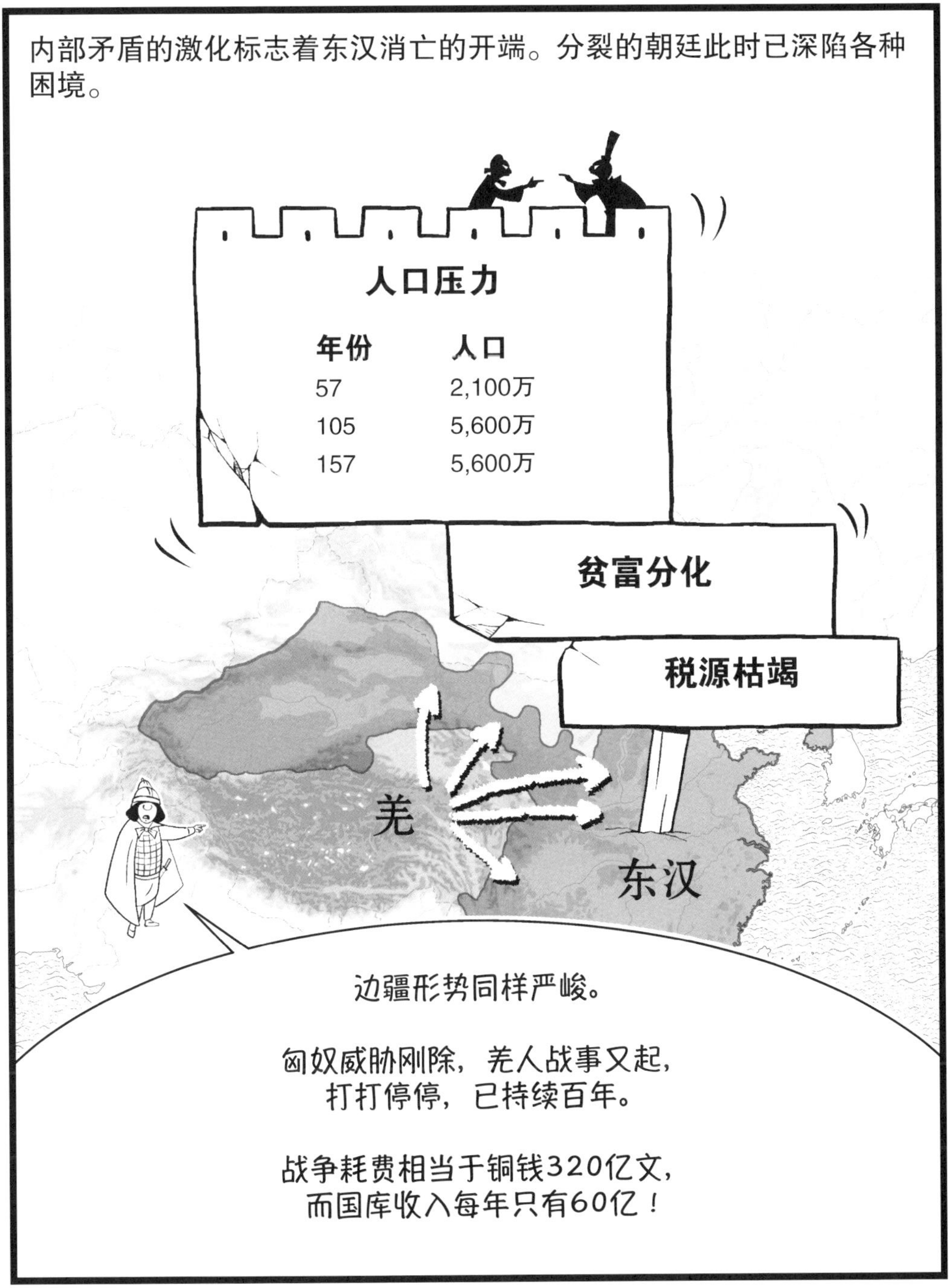
内部矛盾的激化标志着东汉消亡的开端。分裂的朝廷此时已深陷各种困境。
人口压力
年份 人口
57 2,100万
105 5,600万
157 5,600万
贫富分化
税源枯竭
羌
东汉
边疆形势同样严峻。
匈奴威胁刚除，羌人战事又起，
打打停停，已持续百年。
战争耗费相当于铜钱320亿文，
而国库收入每年只有60亿！

黄巾之乱
184年的黄巾之乱引发了东汉的全面崩溃。
汉灵帝动员全国，试图挽回残局。
大家自己筹款，自已招兵，速来勤王。
叛军主力六个月之后被歼灭。与此同时，参加平叛的私人武装发展壮大，形成地方割据势力。

当灵帝于189年去世后，外戚与当权宦官开始争夺皇位继承权。
调边防军回来杀光…
宦官抢先下手，双方武装在洛阳混战。
此时，边防军赶到首都，迅速控制局面并拥立少帝。
汉献帝
（181－234）

作为最后的东汉君主，汉献帝成为军阀手中的傀儡。
四百年的汉朝此时已经走到尽头。
汉代与之前的秦朝对中国历史影响深远。
短暂的秦朝为政治统一奠定了基础。汉朝进一步完善社会体系，
为中华文明的成长提供了时间和空间。

秦汉时期，中原地区成为中国政治文化的核心区域。居住在这里的人们开始自视为中国人，并认为统一是这个国家的常态。

秦汉的统一维持了四百多年后，中国又分裂了近四百年，期间各派纷争、异族入侵、人民受难，中华文明的根基面临艰难挑战。

鏢人

DIE KLINGEN DER WÄCHTER

VON XU XIANHZE

Die Figuren sind ungemein faszinierend, die Handlung rauscht in rasantem Tempo einem Wind gleich vorbei, es strotzt dabei nur so vor interessanten Einfällen. (An dieser Reihe) findet sich absolut nichts, was man bemängeln könnte.
– Rumiko Takahashi, berühmte japanische Comic-Künstlerin (Mangaka), Schöpferin von Klassikern wie „Ranma 1/2", „Urusei Yatsura" oder „Inu Yasha"

Die Erzählweise besitzt eine gewaltige Sogwirkung, so dass man es nicht über sich bringt, das Buch wegzulegen, man muss es einfach an einem Stück bis zu Ende lesen.
– Toru Fujisawa, berühmter japanischer Comiczeichner (Mangaka), Schöpfer der Reihe „Great Teacher Onizuka (GTO)"

Eine heissblütige Comicreihe aus China, die die vergangene Zeitepoche der Dynastien der Sui und Tang wiederauferstehen lässt.

Drittes Jahr der Daye-Ära (607 n. Chr.). Unter der Tyrannei des Kaisers Yang Guang (Yangdi) der Sui-Dynastie lebt die Bevölkerung in tiefster Not. Der über aussergewöhnliche kämpferische Fähigkeiten verfügende Glücksritter Daoma verdingt sich als Kopfgeldjäger und Geleitschützer in den Wüstengebieten der westlichen Regionen und muss sich gleichzeitig vor den Strafverfolgern des chinesischen Kaiserhofes in Acht nehmen, die auf ihn Jagd machen. Dann nimmt er jedoch den Auftrag an, einen mysteriösen, maskierten Reisenden bis zur chinesischen Hauptstadt Chang'an zu eskortieren. Der vermeintlich ganz gewöhnliche Auftrag entpuppt sich als hochgefährliches Unterfangen, und unterwegs lauern überall Gefahren und tun sich klaffende Abgründe auf. Damit geht der Vorhang auf für eine Reise, die auf das Schicksal der ganzen Welt Einfluss nehmen wird ....

MEIN WEG

VON JIDI

In „Mein Weg" begeben sich ein mysteriöser Mann und ein junges Mädchen auf eine lange Reise und begegnen dabei den unterschiedlichsten Menschen, lassen sich deren Lebensgeschichten erzählen und werden Zeuge ihrer Schicksale. Die miteinander verwobenen Episoden befassen sich mit Fragen der menschlichen Existenz, mit dem Leben, der Suche nach Glück, der Liebe und dem Tod. Der Künstlerin, die in jungen Jahren ihre Mutter verloren hat, geht es bei der Reihe auch darum, ihre eigene Trauer aufzuarbeiten. Jidis Sprache ist voller Poesie und ihre farbintensiven, ausdrucksstarken Bildwelten besitzen einen seltenen Zauber. Wer bereit ist, sich auf die Reihe einzulassen, den erwarten grossartige Momente der Transzendenz und der Spiritualität.

Das deutschsprachige Publikum konnte Jidi bereits durch ihre autobiographische Reihe „Der freie Vogel fliegt", eine Zusammenarbeit mit der Künstlerin Ageng, kennenlernen. Mit „Mein Weg" haben deutschsprachige Leser nun auch die Chance, Jidis Hauptwerk kennenzulernen.

Band 1
ISBN: 9783038870005

Band 1
ISBN: 9783038870012

Weitere Informationen über die Künstlerin: www.manhua.ch

In tiefen Wäldern Träumen lauschen

VON ZHANG JING

Eine Erzählung in der Erzählung, eine ungewöhnliche Liebesgeschichte, ein eigenwilliger Genremix aus schriller Komödie, Mystery und Drama – von einer der talentiertesten Comic-Künstlerinnen Chinas!

In der Abgeschiedenheit eines alten Tempels in einer tief abgelegenen bewaldeten Gebirgsregion begegnen sich zwei Fremde – eine junge Frau und ein geheimnisvoller junger Mann, der sein Gesicht hinter einer Affenmaske verbirgt – als sie vor einem Unwetter Unterschlupf suchen. Um das Ausharren vor dem strömenden Regen im Tempel angenehmer zu gestalten, bittet die Frau den Mann, ihr eine Geschichte zu erzählen …

Eine grillenhafte Prinzessin in einem fiktiven chinesischen Königreich stiehlt sich eines Abends heimlich aus dem Palast, um einen Jahrmarkt zu besuchen. Dort begegnet sie zufällig einem jungen mysteriösen Mann, der eine ätherische, überirdische Schönheit besitzt, und verliebt sich auf den ersten Blick in ihn. Die Prinzessin ist es gewohnt, all ihre Wünsche erfüllt zu bekommen, und beschließt kurzerhand, dass dies ihr Gatte werden müsse. Der junge Mann ist stumm, wie sich später herausstellt, und es scheint, er birgt ein Geheimnis. Derweil bahnt sich eine gefährliche Konfrontation zwischen der Prinzessin und einem Halbbruder an, die seit Kindestagen einander spinnefeind sind...

Band 1: 9783905816877

Band 2: 9783905816884

Band 3: 9783905816891

Band 4: 9783905816907

SEITEN AUS BAND 4

Ehrengast
Comicfestival München
20. - 23.06.2019
Jimmy Liao
Meisterwerke taiwanischer Bilderbuchkunst
für erwachsene Leser
Der blaue Stein
Jimmy Liao
Das Kino des Lebens
Jimmy Liao
Der Klang der Farben
Die Sternennacht
星空